La Bhagavad-Gîtâ

dalla versione di
Émile-Louis Burnouf

traduzione di Silvia Cecchini

Parole d'Argento Edizioni

Prefazione

Questo libro è probabilmente il più bello che sia mai uscito dalla mano degli uomini.

Mai si è enunciata con più forza l'Unità del principio assoluto delle cose, essenza e punto culminante della filosofia indiana. Da là deriva una morale che non è mai stata sorpassata, morale non soltanto teorica, ma pratica per eccellenza, che unisce i più nobili affetti della natura umana alla legge stoica del disinteresse.

Occorre leggere questo libretto e nutrirsene. Ne abbiamo il massimo bisogno.

Le nostre società moderne, che pretendono di essere cristiane, sono fondate sull'egoismo più stretto, sull'interesse. Quello che muove gli uomini di oggi, quello che li unisce o li precipita gli uni contro gli altri, è l'interesse personale.

Raramente il loro movente è l'amore del bene per se stesso.

Si vuole godere della vita, e non si vuole essere disturbati in questo godimento. Le concessioni fatte ai diseredati hanno per scopo quello di placarli, non di elevarli ad una vita superiore.

Le nostre grandi rivoluzioni sono state delle esplosioni popolari contro l'egoismo del passato. Hanno sostituito la moltitudine al piccolo numero e scatenato la lussuria. Non hanno introdotto un nuovo principio di morale pubblica e di virtù privata.

Questa regola d'azione che non è stata proclamata si chiama la legge del Sacrificio. Non si vuole sacrificare niente; si vuole acquisire tutto o mantenere tutto. Per questa assenza di principio morale, le nostre società vanno diritte alla loro rovina. Né le scienze, né l'industria, né il commercio le salveranno; questo non ha salvato le società antiche. Esse sono state uccise dal principio cristiano, che dopo di loro è stato espulso a sua volta dalle nostre leggi e dai nostri costumi.

Che si legga dunque questo libretto. Si vedrà che ci sono stati degli uomini che pensavano meglio di noi e che hanno tracciato la via della salvezza.

Una parola su questo canto: Bhagavad è Krishna, decima incarnazione di Vishnu. La religione che porta il suo nome, in India, è una delle ultime arrivate: ha grandi analogie con quella di Buddha e di Cristo. Il poema si collega, come episodio, al Mahâbhârata; ha diciotto capitoli; il suo testo contiene un certo numero di termini propri della filosofia indù e che molte persone hanno trascritto senza tradurli. La lingua francese non ha potuto trovare niente che corrispondesse loro esattamente; ma ha potuto rendere le stesse idee con una approssimazione sufficiente. D'altronde, il dovere di un traduttore è di essere intelligibile per coloro che non sono iniziati. Quelli dunque che vorranno penetrare, in seguito, nelle dottrine brahmaniche ricorrano ad altri testi e non si attengano alla Bhagavad-Gîtâ. Che questa sia la nostra scusante per dei difetti inerenti a tutta la traduzione.

E. B.

I
DISAGIO DI ARJUNA

Dhritarâshtra:

1 «Cos'hanno fatto, Sanjaya, i nostri soldati e i figli di Pându, riunitisi per combattere nel campo santo di Kuruksétra? »

Sanjaya:

2 « Alla vista dell'armata dei Pandu schierata in battaglia, il re Duryôdhana si avvicinò al suo maestro e gli disse:

3 «Vedi, maestro, il grande esercito dei figli di Pându schierato sotto il comando del tuo discepoli, l'abile figlio di Drupada.

4 Là vi sono degli eroi dai grandi archi, come Bhîma e Arjuna, nella battaglia, Yuyudhâna, Virâta e Drupada nel grande carro,

5 Drishtakêta, Tchêkitâna e il valoroso re di Kâci, Purujit, Kuntibôja e il principe Çævya,

6 Il valoroso Yudhâmanyu e l'eroico Uttamaujas, i figli di Subhadrâ e di Draupadî, tutti su dei grandi carri.

7 Guarda anche i migliori dei nostri, o eccellente brahmano; ti nominerò dei capi della mia armata, per farti ricordare di loro:

8 Te prima di tutto, poi Bhîshma, Karna e Kripa il vittorioso, Asvatthâma,
Vikarna, i figli di Sômadatta.

9 E tanti altri eroi che mi dedicano la loro vita; combattono con tutte le armi e tutti conoscono la guerra.

10 Sotto la guida di Bhîshma, abbiamo un'armata innumerevole;

ma la loro, comandata da Bhîma, può essere contata.

11 Che ognuno di voi, nei ranghi, guardi il luogo che gli è toccato, tutti difendete Bhîshma. »

12 Per animare i cuori, il grande antenato dei Kuru lanciò un grido simile al ruggito del leone e al suono della conchiglia.

13 E subito conchiglie, pifferi, timballi e tamburi risuonarono con un gran frastuono.

14 Allora, in piedi su un gran carro trainato da cavalli bianchi, l'uccisore di Madhu e il figlio di Pându soffiarono nelle loro conchiglie celesti.

15 Il guerriero dai capelli dritti soffiò nella Gigantesca; l'eroe vincitore delle ricchezze soffiò nella Divina, Bhîma Ventre-di-Lupo, dalle opere terribili, soffiò nella grande conchiglia di Canna;

16 Il figlio di Kuntî, Yudhishthira, teneva la Trionfante; Nakula e Sahadêva portavano la Melodiosa e la Tromba di gioielli e fiori;

17 Il re di Kâci dal bell'arco e Sikhandin dal grande carro, Drishtadyumna,
Virâta e Sâtyaki l'invincibile,

18 Drupada e tutti i figli di Draupadî e i figli di Subhadrâ, dalle grandi braccia, soffiarono ognuno la loro conchiglia.

19 Questo rumore, che lacerava il cuore dei figli di Dhritarâshtra, faceva risuonare il cielo e la terra.

20 Allora, vedendoli schierati in battaglia, e quando già le linee si incrociavano in aria, il figlio di Pându, il cui stendardo ha l'emblema di una scimmia, prese il suo arco

21 e disse a Krishna: « Guida il mio carro e fermalo fra le due

armate,

22 perché io veda contro chi devo combattere questa lotta assassina,

23 e perché veda quali sono quelli che si sono qui riuniti, impegnandosi
nella causa del figlio criminale di Dhritarâshtra. »

24 « Interpellato in tal modo da Arjuna, Krishna, Coi capelli irsuti, fermò il bel carro tra le due linee di battaglia;

25 e là, e in faccia a Bhîshma, a Drôna e a tutti i guardiani della terra, disse: « Principe, ecco qui riuniti tutti i Kuru ».

26 « Arjuna vide allora davanti a lui padri, anziani, precettori, zii, fratelli, figli,
nipoti, amici,

27 Generi, compagni, distribuiti tra le due armate: quando vide tutti questi parenti pronti a battersi, il figlio di Kuntî,

28 Mosso da un'estrema pietà, pronunciò dolorosamente queste parole:

Arjuna:

« O Krishna, quando vedo questi parenti desiderosi di combattere e schierati in battaglia,

29 le membra mi si indeboliscono e il mio viso si abbatte: il mio corpo trema e mi si drizzano i capelli;

30 L'arco mi sfugge di mano, la pelle mi brucia, non riesco più a star dritto e il mio pensiero vacilla.

31 Vedo cattivi presagi, o guerriero chiomato, non vedo niente di

buono in questo massacro di parenti.

32 O Krishna, non desidero né la vittoria, né la regalità, né le voluttà; che bene ci viene dalla regalità? Che bene dalle voluttà, o anche dalla vita?

33 Gli uomini per cui soltanto vorremmo la regalità, i piaceri, le ricchezze, sono qui schierati in battaglia, disprezzano la loro vita e i loro beni;

34 Precettori, padri, figli, nonni, generi, nipoti, cognati, alleati, infine.

35 Anche se mi dovessero uccidere, io non voglio la loro morte, neanche se vincessi l'impero dei tre mondi; figurarsi della terra!

36 Quando avremo ucciso i figli di Dhritarâshtra, che gioia ne avremo, o guerriero? Ma una colpa si attaccherà a noi se li uccidiamo, per quanto siano criminali.

37 Non è dunque degno di noi uccidere i figli di Dhritarâshtra, i nostri parenti; perché, facendo perire la nostra famiglia, come potremo essere gioiosi, o Mâdhava ?

38 Se, con l'anima accecata dall'ambizione, non vedono la colpa che accompagna l'assassinio di famiglie e il crimine di battersi contro degli amici,

39 Forse che noi non dobbiamo decidere di voltare le spalle a questo peccato, quando vediamo il male che nasce dalla rovina delle famiglie ?

40 La rovina di una famiglia causa la rovina delle religioni eterne della famiglia; distrutte le religioni, la famiglia intera è invasa dall'irreligione;

41 A causa dell'irreligione, o Krishna, le donne della famiglia si

corrompono; dalla corruzione delle donne, o Pastore, nasce la confusione delle caste;

42 E, da questa confusione, vanno all'inferno i padri degli assassini e della famiglia stessa, privi delle offerte di dolci e acqua.

43 Così, a causa di queste colpe degli assassini delle famiglie, che confondono le caste, sono distrutte le leggi religiose eterne delle razze e delle famiglie;

44 e, quanto agli uomini per i cui sacrifici le famiglie sono distrutte, l'inferno è necessariamente la loro dimora. È quello che la Scrittura ci insegna.

45 Oh! Siamo decisi a commettere un grande peccato se, per l'attrazione delle delizie della regalità, siamo decisi a uccidere i nostri parenti.

46 Se i figli di Dhritarâshtra, tutti armati, mi uccidessero in battaglia, disarmato e senza resistenza, io ne sarei più felice. »

Sanjaya:

47 « Avendo così parlato in mezzo alle armate, Arjuna si sedette sul suo carro, lasciandosi sfuggire di mano l'arco con la freccia, e l'anima turbata per il dolore. »

II
YOGA DELLA SCIENZA RAZIONALE

Sanjaya:

1 « Mentre, turbato per la pietà e con gli occhi pieni di lacrime, Arjuna si sentiva mancare, l'uccisore di Madhu gli disse:

Il Benedetto Krishna:

2 « Da dove ti viene, nella battaglia, questo turbamento indegno degli Arya, che ferma il cielo e causa vergogna, Arjuna ?

3 Non lasciarti indebolire; questo non ti si confà; scaccia una vergognosa debolezza di cuore, e alzati, distruttore dei nemici. »

Arjuna:

4 « O uccisore di Madhu, come, nel combattimento, potrò lanciare delle frecce contro Bhîshma e Drôna, a cui devo rendere onore?

5 Piuttosto che uccidere dei maestri venerabili, preferisco vivere in questo mondo mendicando il pane; ma, se uccidessi anche dei padroni avidi, vivrei di un alimento sporco di sangue.

6 Non sappiamo cos'è meglio, vincere o essere vinto da loro. Perché abbiamo davanti a noi degli uomini la cui uccisione ci farebbe odiare la vita: i figli di Dhritarâshtra.

7 Con l'anima ferita dalla pietà e dal timore del peccato, io ti interrogo: perché non vedo più dove sia la giustizia. Quale partito è il migliore? Dimmelo. Io sono il tuo discepolo: è a te che mi rivolgo,

8 Perché non vedo cosa potrebbe scacciare la tristezza che consuma i miei sensi, anche se avessi sulla terra un vasto regno senza

nemici e l'impero stesso degli dei. »

Sanjaya:

9 « Quando ebbe rivolto queste parole a Krishna e gli ebbe detto « Io non combatterò, » il guerriero Arjuna restò in silenzio.

10 Ma, mentre tra le due armate perdeva così coraggio, Krishna gli disse sorridendo:

Il Benedetto:

11 « Tu piangi su degli uomini su cui non si deve piangere, anche se le tue parole sono quelle della saggezza. I saggi non piangono né i vivi né i morti;

12 Perché io non ho mai perso l'esistenza, e neanche tu; né questi principi; e mai cesseremo di esistere, noi tutti, in futuro.

13 Come in questo corpo mortale si susseguono volta a volta l'infanzia, la giovinezza, e la vecchiaia: così, poi, l'anima acquisisce un altro corpo e il saggio qui non se ne turba.

14 Gli incontri con gli elementi che causano il freddo e il caldo, il piacere e il dolore, ritornano e non sono eterni. Sopportali, figlio di Kuntî.

15 L'uomo che non se ne turba, l'uomo fermo nei piaceri e nei dolori, diventa, o Bhârata, partecipe dell'immortalità.

16 Quello che non è né può essere, e quello che è non può smettere di essere: conoscono queste due cose i saggi che vedono la verità.

17 Sappi che è indistruttibile Colui per cui si è sviluppato questo universo; la distruzione di questo Imperituro nessuno la può compiere;

18 e questi corpi che finiscono procedono da un'Anima eterna, indistruttibile, immutabile. Combatti dunque, ô Bhârata.

19 Colui che crede che essa uccida o venga uccisa si inganna: essa non uccide, essa non è uccisa,

20 Essa non nasce, essa non muore mai; essa non è mai nata, essa non deve rinascere; senza nascita, senza fine, eterna, antica, essa non è morta quando si uccide il corpo.

21 Come potrebbe chi la conosce imperitura, eterna, senza nascita e senza morte, ucciderla o farla uccidere?

22 Come si lasciano dei vestiti usati per prenderne di nuovi, così l'Anima lascia il corpo usato per rivestirsi di un nuovo corpo.

23 Né le frecce la penetrano, né la fiamma la brucia, né l'acqua la inumidisce, né il vento la secca.

24 Inaccessibile ai colpi e alle bruciature, all'umidità e alla secchezza, eterna, estesa in tutti i luoghi, immobile, incrollabile,

25 Invisibile, ineffabile, immutabile, ecco i suoi attributi: poiché sai che è così, non la piangere.

26 Quando tu la credessi eternamente sottomessa alla nascita e alla morte, non dovresti nemmeno allora piangere su di lei:

27 Perché ciò che è nato deve certamente morire e quello che è morto deve rinascere; perciò dunque non piangere su qualcosa che non puoi impedire.

28 L'inizio degli esseri viventi è inafferrabile; ne cogliamo il mezzo; ma la loro distruzione anche è inafferrabile; è forse questo un motivo per piangere?

29 Uno contempla la vita come una meraviglia; un altro ne parla

come di una meraviglia; un altro ancora ne ascolta parlare come di una meraviglia: e quando si è ben ascoltato, nessuno ancora la conosce.

30 L'Anima abita, inattaccabile, in tutti i corpi viventi, Bhârata; tu non puoi piangere su tutti questi esseri.

31 Considera perciò il tuo dovere e non tremare; perché non c'è cosa migliore per lo Ksatriya che una guerra giusta;

32 Grazie a una tale battaglia che gli viene così offerta, la porta del cielo, figlio di
Prithâ, si apre agli Ksatriya valorosi.

33 E tu, se non combatti questa guerra legittima, tradisci il tuo dovere e la tua fama, e compirai un peccato;

34 e gli uomini parleranno per sempre della tua onta: ora, per un uomo di senno, l'onta è peggiore della morte.

35 I principi crederanno che per paura hai fuggito la battaglia; quelli che ti credevano magnanimo ti disprezzeranno;

36 I tuoi nemici diranno su di te mille cose oltraggiose, in cui condanneranno la tua incapacità. Cosa c'è di più fastidioso?

37 Ucciso, guadagnerai il cielo: vincitore, possiederai la terra. Alzati dunque, figlio di Kuntî, per combattere risolutamente.

38 Sii equanime davanti a piacere e dolore, guadagno e perdita, vittoria e sconfitta, e sii con tutto il cuore nella battaglia: così eviterai il peccato.

39 Io ti ho esposto la Scienza secondo la Ragione (Sankhyâ); ascoltala ora secondo la dottrina dell'Unione (Yôga). Seguendo questa, tu respingerai il frutto delle opere, che è solo una catena.

40 Qui non ci sono sforzi perduti, né danni: una piccola parte di questa legge libera l'uomo dal più grande terrore.

41 Questa dottrina, figlio di Kuru, ha solo uno scopo e lo persegue con costanza; una dottrina incostante invece si ramifica all'infinito.

42 È una parola fiorita di cui si valgono gli ignoranti, tutti fieri di un testo dei Veda:: « Basta questo », dicono.

43 E, seguendo i loro desideri, mettendo il cielo in prima linea, producono questo testo che propone il ritorno alla vita come premio delle opere, e che contiene un'abbondante varietà di cerimonie per cui si arriva alle ricchezze e alla potenza.

44 Per questi uomini, attaccati al potere e alle ricchezze e di cui questa parola ha fuorviato lo spirito, non c'è una dottrina unica e costante che abbia per scopo la contemplazione.

45 Si trovano le « tre qualità » nei Veda: sii esente dalla tre qualità, Arjuna; che la tua anima non si divida, che sia sempre ferma: che il bel vivere non sia l'oggetto dei suoi pensieri; che sia padrona di se stessa.

46 Tanti usi si possono trovare per una fonte le cui acque traboccano da ogni parte, quanti un brahmano ne riconosce a tutti i Veda.

47 Sii attento al compimento delle opere, mai ai loro frutti; non fare l'opera per i frutti che procura, ma non cercare di evitare l'opera.

48 Costante nell'Unione mistica, compi l'opera e scaccia il desiderio; sii equanime davanti al successo e alla sconfitta; l'Unione è l'equanimità dell'anima.

49 L'opera è ben inferiore a questa Unione spirituale. Cerca il tuo rifugio nella ragione! Infelici quelli che aspirano alla ricompensa.

50 L'uomo che resta unito alla ragione si svincola qua sotto dalle opere buone e cattive: applicati dunque all'Unione mistica: essa rende le opere felici.

51 Gli uomini intelligenti che si dedicano alla meditazione, e che hanno respinto i frutti delle opere, sfuggono al legame delle nascite e vanno nella sede della salvezza.

52 Quando la tua ragione avrà oltrepassato le regioni oscure dell'errore, allora tu arriverai a sdegnare le controversie passate e future;

53 Quando la tua ragione, non deviata dagli insegnamenti dottrinali, resterà incrollabile e ferma nella contemplazione, allora tu raggiungerai l'Unione spirituale. »

Arjuna:

54 « Qual è, o principe chiomato, il segno di un uomo fermo nella saggezza e fermo nella contemplazione? Come sta immobile nel pensiero, quando parla, quando si riposa, quando agisce? »

Il Benedetto:

55 « Figlio di Prithâ, quando rinuncia a tutti i desideri che penetrano i cuori, quando è felice con se stesso, allora è detto fermo nella saggezza.

56 Quando è incrollabile nelle sconfitte, esente da gioia nei successi, quando ha scacciato gli amori, i terrori, la collera, è detto allora solitario e fermo nella saggezza.

57 Se in nessun caso è influenzato dai beni o dai mali, se non gioisce né si abbatte, in lui la saggezza è ferma.

58 Se, come la tartaruga ritrae sotto la corazza tutte le sue membra, egli sottrae i suoi sensi agli oggetti sensibili, in lui la saggezza è

stabile.

59 Gli oggetti si ritirano davanti all'uomo astinente; le affezioni dell'anima si ritirano in presenza di colui che le ha lasciate.

60 A volte però, figlio di Kuntî, i sensi infuocati trascinano con la forza l'anima del saggio più controllato:

61 Che, dopo averli dominati, tiene così lo spirito fisso su di me; perché, quando è padrone dei suoi sensi, in lui la saggezza è stabile.

62 Nell'uomo che contempla gli oggetti dei sensi, nasce un'attrazione per essi; da questa attrazione nasce il desiderio; dal desiderio, l'appetito violento;

63 Da questo appetito, il turbamento del pensiero; da questo turbamento, la confusione della memoria, dalla confusione della memoria, la perdita della ragione; e da questa perdita, è perduto.

64 Ma se un uomo avvicina gli oggetti sensibili con i sensi liberi dagli amori e dagli odi e docilmente sottomessi alla sua obbedienza, cammina verso la serenità.

65 Dalla serenità nasce in lui l'allontanamento da tutte le pene; e quando la sua anima è serena, la sua ragione anche è presto stabile.

66 L'uomo che non pratica l'unione divina non ha ragione, non può meditare; chi non medita è privato della calma; privato della calma, da dove gli giungerà la felicità?

67 Perché colui che dedica la sua anima alla soddisfazione dei sensi vede presto portar via la sua intelligenza, come una nave trascinata dal vento sulle acque.

68 Perciò dunque, eroe del grande carro, è in colui i cui sensi sono chiusi da ogni parte agli oggetti sensibili, che la saggezza è stabile.

69 Ciò che è notte per tutti gli esseri è un giorno in cui veglia l'uomo padrone di sé; e quello che è giorno per loro non è che notte per il chiaroveggente solitario.

70 Nell'invariabile Oceano che si riempie sempre terminano perdendosi i fiumi: così l'uomo in cui si perdono tutti i desideri ottiene la pace, ma non l'uomo abbandonato ai desideri.

71 Che un uomo, avendoli cacciati tutti, cammini senza desideri, senza cupidigia, senza orgoglio; allora cammina verso la pace.

72 Ecco, figlio di Prithâ, la sosta divina: l'anima che l'ha raggiunta non ha più turbamenti; e chi vi si mantiene fino all'ultimo giorno si spegnerà in Dio. »

III
YOGA DELLE OPERE

Arjuna:

1 « Se, ai tuoi occhi, guerriero formidabile, la ragione è migliore dell'azione, perché dunque impegnarmi in un'azione terribile ?

2 Il mio spirito è turbato dai tuoi discorsi ambigui. Enuncia una regola precisa per cui io possa arrivare alla scelta migliore. »

Il Benedetto:

3 « In questo mondo, ci sono due modi di vivere; te l'ho detto, principe senza peccato: i razionalisti si applicano alla conoscenza; quelli che praticano l'Unione si applicano alle opere.

4 Anche se si astiene da ogni opera, l'uomo non per questo è esente dall'azione; e non è con l'assenza di opere che si giunge allo scopo della vita;

5 Perché nessuno, neanche per un istante, è davvero inattivo; ogni uomo, anche non volendo, viene messo in azione dalle funzioni naturali del suo essere.

6 Chi, dopo aver incatenato l'attività dei suoi organi, resta inerte, con lo spirito occupato dagli oggetti sensibili e il pensiero errante, noi lo chiamiamo falso devoto;

7 Ma quello che, con lo spirito, ha domato i sensi e che mette nell'opera l'attività dei suoi organi per compiere un'azione, sempre restandone distaccato, noi lo stimiamo, Arjuna.

8 Fai dunque un'opera necessaria: l'azione vale più dell'inazione; senza agire, tu non potresti nemmeno nutrire il tuo corpo.

9 A parte le opere sante, questo mondo ci incatena attraverso le opere. Questa opera dunque, figlio di Kuntî, compila esente da desideri.

10 Quando un tempo il Sovrano del mondo produsse gli esseri insieme al Sacrificio, disse loro: « Con esso moltiplicatevi; che sia per voi la vacca dell'abbondanza;

11 Nutritene gli dei, e che gli dei sostengano la vostra vita. Con questo reciproco soccorso, otterrete il bene supremo;

12 Perché, nutriti dal sacrificio, gli dei vi doneranno gli alimenti desiderati. Chi, senza prima offrir loro qualcosa, mangia il nutrimento ricevuto da loro, è un ladro.

13 Quelli che mangiano i resti del Sacrificio sono liberati da tutte le loro colpe, ma i criminali, che preparano degli alimenti solo per loro, si nutrono di peccato.

14 In effetti, gli animali vivono dei frutti della terra; i frutti della terra sono generati dalla pioggia; la pioggia dal Sacrificio; il Sacrificio si compie per l'Atto.

15 Ora, sappi che l'Atto procedette da Brahmâ, e che Brahmâ procedette dall'Eterno. È per questo che quel Dio che penetra tutte le cose è sempre presente nel Sacrificio.

16 Chi non coopera qui in basso a questo movimento circolare della vita e che gusta nel peccato i piaceri dei sensi, colui, figlio di Prithâ, vive inutilmente.

17 Ma colui che, felice nel suo cuore e contento di sé, trova in se stesso la sua gioia, colui non disdegna nessuna opera;

18 Perché non gli importa che un'opera sia fatta o meno, e non attende soccorso da nessuno degli esseri.

19 Per questo motivo, sempre distaccato, compi l'opera che devi fare; perché, compiendola con abnegazione, l'uomo raggiunge la meta suprema.

20 È con le opere che Janaka e gli altri hanno raggiunto la perfezione. Se consideri anche l'insieme delle cose umane, tu devi agire.

21 Secondo come agisce un grande personaggio, così agisce il resto degli uomini; l'esempio che egli dà viene seguito dal popolo.

22 Io stesso, figlio di Prithâ, che non devo fare niente nei tre mondi, che non devo acquisirvi nessun nuovo bene; io stesso però sono all'opera.

23 Perché se non mostrassi un'attività infaticabile, tutti gli uomini che seguono la mia via, tutte queste generazioni perirebbero;

24 Se non compissi la mia opera, causerei un caos, e distruggerei queste generazioni.

25 Quanto gli ignoranti sono legati dalle loro opere, tanto invece il saggio agisce restando distaccato, per procurare l'ordine del mondo.

26 Che il saggio non faccia nascere divisione di opinioni tra gli ignoranti attaccati alle loro opere; ma che, operando con loro, faccia loro amare quel lavoro.

27 Tutte le opere possibili procedono dalle qualità naturali (degli esseri viventi); colui che nutre l'orgoglio se ne dà il merito e dice: « Sono io l'autore »;

28 Ma colui che conosce la verità, sapendo distinguere la qualità dall'atto, si dice: « È l'incontro delle qualità con le qualità », e resta distaccato.

29 Quelli che sono turbati dagli attributi naturali delle cose si attaccano agli atti che ne derivano. Questi sono spiriti pesanti che non conoscono l'insieme. Che chi lo conosce non li faccia inciampare.

30 Rapporta a me tutte le opere, pensa all'Anima suprema; e, senza speranza, senza pensare a te stesso, combatti, e non essere triste.

31 Gli uomini che seguono i miei comandamenti con fede, senza mormorare, sono anche essi liberati dal legame delle opere.

32 Ma quelli che mormorano e non li osservano, sappi che, privi di ogni conoscenza, muoiono privi di intelligenza.

33 Così il saggio tende a quello che è conforme alla sua natura: gli animali seguono la loro. A che scopo lottare contro questa legge ?

34 È ovvio che gli oggetti dei sensi facciano nascere il desiderio e l'avversione. Soltanto, il saggio non si sottomette al loro impero, perché sono i suoi nemici.

35 È meglio seguire la propria legge, anche se imperfetta, che la legge altrui, anche se è migliore; conviene morire praticando la propria legge; la legge altrui ha dei rischi.»

Arjuna:

36 « Ma, o Pastore, da cosa l'uomo è indotto nel peccato, senza che lo voglia, ed è come spinto da una forza sconosciuta? »

Il Benedetto:

37 « È l'amore, è la passione, nata dall'istinto; è divorante, piena di peccato; sappi che è una nemica qui in basso.

38 Come il fumo copre la fiamma, e la ruggine lo specchio, come

l'utero avvolge il feto, così questo furore copre il mondo.

39 Eterna nemica del saggio, essa oscura la scienza. Come una fiamma insaziabile, cambia di forma a suo piacimento.

40 I sensi, lo spirito, la ragione sono ciò che essa domina. Attraverso i sensi, essa oscura la conoscenza e turba la ragione dell'uomo.

41. E per questo, eccellente figlio di Bhârata, incatena i tuoi sensi dal principio, e distruggi questa peccatrice che ostacola la conoscenza e il giudizio.

42 I sensi, si dice, sono potenti; lo spirito è più forte dei sensi; la ragione è più forte dello spirito. Ma essa è più forte della ragione.

43 Sapendo dunque che essa è la più forte, stabilisciti in te stesso, e uccidi un nemico dalle forme mutevoli, inizialmente difficile. »

IV
YOGA DELLA SCIENZA

Il Benedetto:

1 « Questa Unione eterna, l'ho insegnata prima a Vivasvat; Vivasvat l'ha insegnata a Manu; Manu l'ha trasmessa a Ikswâku;

2 E, ricevuta così di mano in mano, i Rishi reali l'hanno conosciuta; ma, col tempo, questa dottrina si è perduta, o vincitore.

3 Questa stessa dottrina antica, te la esporrò oggi: perché ho detto: « Tu sei mio servitore e mio amico »; è il mistero supremo. »

Arjuna:

4 « La tua nascita è posteriore; quella di Vivasvat ha preceduto la tua: come devo intenderti quando dici: « In origine, io l'ho insegnata a Vivasvat » ?

Il Benedetto:

5 « Io ho avuto molte nascite, e anche tu, Arjuna: io le conosco tutte; ma tu, eroe, tu non le conosci.

6 Quantunque senza inizio e senza fine, e capo degli esseri viventi, nondimeno maestro della mia propria natura, nasco per la mia virtù magica.

7 Quando la giustizia languisce, Bhârata, quando si solleva l'ingiustizia, allora io divento creatura, e rinasco di epoca in epoca.

8 Per la difesa dei buoni, per la rovina dei cattivi, per ristabilire la giustizia.

9 Chi conosce secondo la verità la mia nascita e la mia opera divina, lasciando il suo corpo, non ritorna ad una nuova nascita; viene da me, Arjuna.

10 Liberati dal desiderio, dalla paura e dalla passione. Divenuti miei devoti e miei credenti, molti uomini, purificati dalle austerità della scienza, si sono uniti alla mia sostanza

11 Perché, se gli uomini si inchinano davanti a me, allo stesso modo io li onoro. Tutti gli uomini seguono la mia via, figlio di Prithâ;

12 Ma quelli che desiderano il prezzo delle loro opere sacrificano qui in basso alle divinità; e presto, in questo mondo mortale, spetta a loro il prezzo delle loro opere.

13 Sono io che ho creato le quattro caste e ripartito tra loro le qualità e le funzioni. Sappi che sono opera mia, mia che non ho funzioni particolare e che non cambio.

14 Le opere non mi contaminano, perché non hanno per me alcun frutto; e chi mi riconosce come tale non è trattenuto dal legame delle opere.

15 Sapendo dunque che degli antichi saggi, desiderosi di liberazione, hanno compiuto la loro opera, anche tu compi l'opera che i saggi hanno compiuto in passato:

16 Ma, dici tu, che cos'è l'opera? Che cos'è il riposo ? I poeti stessi hanno esitato. Te lo insegnerò dunque, e quando lo saprai, sarai liberato dal male:

17 Occorre sapere quello che è l'atto, la cessazione, l'inazione. Perché la via dell'azione è difficile da cogliere.

18 Chi vede il riposo nell'azione e l'azione nel riposo, colui è saggio tra gli uomini; e in stato d'Unione, qualunque opera faccia.

19 Se tutte le sue imprese sono esenti da ispirazione del desiderio, come se avesse consumato l'opera per il fuoco della scienza, è chiamato saggio tra gli uomini intelligenti.

20 Perché colui che ha scacciato il desiderio del frutto delle opere, che è sempre soddisfatto ed esente da invidia; colui, benché occupato da un'opera, è però in riposo.

21 Senza speranze, padrone dei suoi pensieri, senza attendere dal di fuori alcun soccorso, compiendo le sue opere solo col corpo, non contrae peccato.

22 Soddisfatto di quello che si presenta, superiore all'amore e all'odio, esente da invidia, equanime verso il successo e il fallimento, non è legato dall'opera, qualsiasi cosa faccia.

23 Per colui che ha scacciato i desideri, che è libero, che volge i suoi pensieri verso la scienza e procede al sacrificio, l'opera intera svanisce.

24 La pia offerta è Dio; il burro chiarificato, il fuoco, l'offerta sono Dio;
andrà dunque verso Dio chi, nell'opera, pensa a Dio.

25 Tra gli Yogi, alcuni siedono al sacrificio degli dei; altri, nel fuoco brahmanico, offrono il sacrificio per mezzo del Sacrificio stesso.

26 Questi, nel fuoco della continenza, offrono l'udito e gli altri sensi, fanno l'offerta del suono e degli altri oggetti sensibili.

27 Qualcuno, nel fuoco mistico della continenza acceso dalla scienza, offre tutte le funzioni dei sensi e della vita.

28 Altri offrono in sacrificio le loro ricchezze, la loro pietà, la loro devozione, la lettura a voce bassa, la scienza, e praticano la temperanza e i voti austeri;

29 Altri sacrificano l'inspirazione nell'espirazione, l'espirazione nell'inspirazione, e, fermando le vie dell'una e dell'altra, si sforzano di trattenere il fiato;

30 Altri si riducono gli alimenti necessari, offrono le cose stesse della vita nel sacrificio che ne fanno. Tutti questi uomini sono abili nell'arte dei sacrifici, e per questo, cancellano i loro peccati.

31 Quelli che mangiano i resti del sacrificio, alimento di immortalità, vanno al Dio eterno; ma a chi non fa alcun sacrificio, non appartiene neanche questo mondo: come potrebbe appartenergli l'altro, o migliore dei Kuru?

32 I diversi sacrifici sono stati istituiti dalla bocca di Brahmâ. Comprendi che procedono tutti dall'Atto; e, comprendendolo, tu otterrai la liberazione.

33 Il sacrificio che procede dalla scienza conta più di quello che procede dalle ricchezze; perché ogni perfezione degli atti è compresa nella scienza.

34 Sappi che questa si ottiene onorando, interrogando, servendo i saggi; questi saggi che vedono la verità sono quelli che ti insegneranno la scienza.

35 Quando tu la possiederai, tu non proverai più dei mancamenti, figlio di Pându; grazie a lei, tu vedrai tutti i viventi nello Spirito, e poi in me.

36 Quando anche avessi commesso più peccati di tutti i peccatori, sul vascello della scienza tu attraverserai ogni peccato.

37 Come un fuoco acceso riduce il legno in cenere, Arjuna, così il fuoco della scienza consuma tutte le opere;

38 Perché non c'è acqua lustrale come la scienza. Chi si è perfezionato grazie all'Unione mistica col tempo trova la scienza in

se stesso;

39 L'uomo di fede l'acquisisce quando è interamente suo e padrone dei suoi sensi; e quando l'ha acquisita, arriva presto alla beatitudine.

40 Ma l'uomo ignorante e senza fede, preso dal dubbio, è perduto; perché né questo mondo, né l'altro, né la felicità esistono per l'uomo preso dal dubbio.

41 Chi grazie all'Unione divina si è distaccato dalle opere, chi grazie alla scienza ha distrutto il dubbio, è reso a se stesso e non è più incatenato dall'azione.

42 Così dunque, figlio di Bhârata, questo dubbio che nasce dall'ignoranza e che ha sede nel cuore, taglialo con la spada della scienza, marcia all'Unione e alzati. »

V
YOGA DELLA RINUNCIA ALLE OPERE

Arjuna:

1 « Tu da una parte lodi, o Krishna, la Rinuncia alle opere, e dall'altra parte l'Unione mistica: quale delle due è la migliore? Dimmelo chiaramente. »

Il Benedetto:

2 « La Rinuncia e l'Unione mistica procurano tutte e due la beatitudine; tuttavia l'Unione vale più della Rinuncia.

3 Si deve considerare costante nella Rinuncia chi non ha né odi né desideri; perché chi non ha nessuna di queste due affezioni si libera facilmente dal legame delle opere,

4 I bambini separano la dottrina razionale dall'Unione mistica, ma non i saggi. In effetti, chi si dona interamente ad una riceve i frutti dell'altra

5 Al luogo in cui si arriva con le meditazioni razionali, si arriva anche attraverso gli atti dell'Unione mistica: e chi ritiene che questi due metodi siano una cosa sola pensa bene.

6 Ma, eroe dal grande carro, la loro unione è difficile da raggiungere senza l'Unione stessa, mentre il solitario che vi si dedica arriva presto a Dio:

7 Dedito a questa pratica, l'anima purificata, vittorioso di se stesso e dei suoi sensi, vivendo la vita di tutti i viventi, non è sporcato dalla sua opera.

8 « Non sono io che agisco »: così pensa lo Yogi conoscendo la

verità, quando vede, ascolta, tocca, odora, mangia, cammina, dorme, respira,

9 Parla, lascia o prende qualcosa, apre o chiude gli occhi; e si dice: « I sensi sono fatti per gli oggetti sensibili. »

10 Colui che, avendo scacciato il desiderio, compie le opere in vista di Dio, non viene più sporcato dal peccato, come dall'acqua il fiore di loto.

11 Attraverso i loro corpi, il loro spirito, la loro ragione, tutti i loro sensi, gli Yogi compiono l'opera senza desiderarne il frutto, per loro propria purificazione;

12 e per questa abnegazione, raggiungono la beatitudine suprema. Ma l'uomo che non pratica l'Unione santa, e resta attento al frutto delle opere, è incatenato dalla potenza del desiderio.

13 Il mortale che, per la forza del suo spirito, pratica l'abnegazione in tutti i suoi atti, vive pacificamente e onnipotente nella città dalle nove porte (« il corpo che ha nove aperture »), senza agire e senza essere la causa di una azione.

14 Il Signore del mondo non creò né l'attività né gli atti, né la tendenza a godere dei frutti delle opere; questo è il risultato della natura individuale.

15 Il Signore non si carica né dei peccati, né delle buone opere di nessuno. L'ignoranza copre la scienza: così sbagliano le creature.

16 Ma per quelli nella cui anima la scienza ha distrutto l'ignoranza, la scienza, come un sole, illumina in loro l'idea di questo essere Supremo:

17 Pensando a Lui, condividendo la sua essenza, soggiornando in Lui, tutti di Lui, camminano per una via da cui non ritornano, liberati dai loro peccati grazie alla scienza.

18 Nel brahmano dotato di scienza e modestia, nel bove e nell'elefante, nello stesso cane e in chi lo mangia, i saggi vedono l'identico.

19 Qui in basso, hanno vinto la natura coloro il cui spirito è fermo nell'identità, perché l'Identico Dio è senza peccato; è per questo che dimorano fermi in Dio.

20 Un tale uomo non gioisce di un'occasione gradevole; non si rattrista per un evento fastidioso. Il pensiero fermo, incrollabile, pensando a Dio, fisso in Dio,

21 Libero dai contatti esteriori, trova in se stesso la sua felicità: e così, colui che l'Unione mistica unisce a Dio, gode di una beatitudine imperitura.

22 Perché i piaceri nati dai contatti generano il dolore; iniziano e finiscono, figlio di Kuntî; il saggio non vi trova la sua gioia.

23 Se qui in basso si riesce, prima di essere liberati dal corpo, a sostenere l'attacco del desiderio e della passione, si è Uno spiritualmente, si è felici.

24 Colui che trova in se stesso la sua felicità, la sua gioia, e in se stesso anche la sua luce, è uno Yogi e arriverà a Dio, si unirà all'essere di Dio.

25 Così si fondono in Dio i Rishi le cui colpe sono cancellate, il cui spirito non è diviso, che hanno dominato loro stessi e gioiscono del bene di tutti i viventi.

26 Quando ci siamo liberati dall'amore e dall'odio, quando abbiamo dominato sia la personalità che il pensiero, quando conosciamo noi stessi, siamo pronti a fonderci in Dio.

27 Quando abbiamo bandito le affezioni nate dal contatto,

abbiamo diretto lo sguardo in avanti, abbiamo uguagliato i movimenti del petto,

28 Domato i nostri sensi, diretto il nostro spirito e la nostra ragione esclusivamente verso la liberazione; quando, essendo stati banditi il desiderio, la paura, la passione, siamo giunti veramente alla liberazione,

29 Comprendiamo che percepiamo i sacrifici e le austerità, che siamo il grande Sovrano dei mondi, e l'Amico di tutti i viventi, allora otteniamo la pace. »

VI
YOGA DELLA RINUNCIA DI SÉ

Il Benedetto:

1 « Colui che, senza aspirare al frutto delle opere, compie l'opera prescritta, è un Rinunciante e uno Yogi, ma non chi trascura il fuoco sacro e l'opera santa.

2 E quello che chiamiamo Rinuncia, sappi, o figlio di Pându, che è l'Unione stessa, perché, senza la rinuncia di sé, niente si può Unire veramente.

3 Per il solitario che si sforza verso l'Unione santa, l'opera diventa un aiuto; quando l'ha raggiunta, ha per aiuto il riposo.

4 Perché, non essendo attaccato né agli oggetti dei sensi né alle opere, interamente spogliato di se stesso, ha veramente raggiunto l'Unione divina.

5 Colui si eleva dunque e non si abbassa, perché lo spirito dell'uomo è a volte suo alleato, a volte suo nemico:

6 È alleato di chi ha dominato se stesso; ma, per inimicizia per ciò che non è spirituale, lo spirito può agire da nemico.

7 Nell'uomo vittorioso e pacificato, lo Spirito supremo dimora raccolto in mezzo al freddo e al caldo, al piacere e al dolore, agli onori e all'infamia.

8 L'uomo che si compiace nella conoscenza e nella scienza, il cuore in alto, i sensi vinti, considerando uguali il sasso, la zolla di terra, e l'oro, ha per nome Yôgî; perché spiritualmente è unito.

9 È così chi mantiene uno spirito uguale verso gli amici e

benefattori, i nemici, gli indifferenti, gli stranieri, gli avversari e i parenti, verso i buoni e verso i peccatori.

10 Che lo Yogi eserciti sempre la sua devozione solo, in disparte, senza compagnia,
   padrone del suo pensiero, privo di speranze.

11 Che in un luogo puro si eriga un sedile solido, né troppo alto, né troppo basso, guarnito di erba, di tela e di pelle

12 e che là, con lo spirito teso verso l'Unità, dominando in sé il pensiero, i sensi e l'azione, seduto su questo sedile, si unisca mentalmente in vista della sua purificazione.

13 Tenendo fermamente in equilibrio il suo corpo, la testa e il collo, immobile, lo sguardo inclinato in avanti, non dirigendolo da nessun'altra parte,

14 il cuore in pace, privo di paura, costante nei suoi voti come un novizio padrone del suo spirito, che lo Yogi resti seduto e Mi prenda per unico oggetto della sua meditazione.

15 Così, sempre continuando la santa estasi, lo Yogi il cui spirito è domato giunge alla beatitudine che ha per termine l'estinzione e che risiede in Me.

16 L'Unione divina non è né per chi mangia troppo, né per chi non mangia niente: non è né per chi dorme molto, né per chi veglia sempre, Arjuna:

17 L'Unione santa, che toglie tutti i mali, è per colui che mangia con misura, si ricrea con misura, agisce, dorme e veglia con misura.

18 Quando, avendo fissato su se stesso il suo pensiero interamente sottomesso, si è liberato da tutti i desideri, è allora che è detto Unito.

19 Lo Yogi è come una lampada che, al passare del vento, non

vacilla quando, avendo sottomesso il suo pensiero, si dona all'Unione mistica.

20 Quando il pensiero gode della quiete, incatenato al servizio dell'Unione divina; quando, contemplando essa stessa, si compiace in essa stessa;

21 Quando gusta quella gioia infinita che dà solo la ragione e che oltrepassa i sensi; quando si attacca senza vacillare alla vera Essenza,

22 e che, avendola colta, non dà nessun valore a qualsiasi altra acquisizione; quando infine, restando attaccata, non può essere stornata neanche da un vivo dolore,

23 Che sappia che questa rottura di ogni relazione col dolore si chiama Unione mistica. E questa Unione deve essere praticata con costanza, al punto che il pensiero si sprofonda.

24 Essendosi spogliato assolutamente da tutti i desideri generati dall'immaginazione e soggiogata nell'anima la folla di sensazioni che vengono da tutte le parti,

25 Che insensibilmente l'uomo raggiunga la quiete con la sua ragione stabilita nella costanza, e che il suo spirito, fermamente raccolto in se stesso, non pensi più a niente altro,

26 e ogni volta che il suo spirito incostante e mobile si porta altrove, che gli faccia sentire il freno e lo riporti all'obbedienza.

27 Una felicità suprema penetra nell'anima dello Yogi; le sue passioni sono placate; è divenuto in essenza Dio stesso; è senza macchia.

28 Così, per l'esercizio perseverante della santa Unione, l'uomo purificato gode felicemente, nel suo contatto con Dio, di una beatitudine infinita.

29 Vede lo Spirito residente in tutti gli esseri viventi, e nello Spirito tutti questi esseri, quando la sua proprio anima è unita con l'Unione divina e vede da ogni parte l'identità.

30 Colui che Mi vede ovunque e che vede in Me non può più perdermi né essere perduto da me.

31 Colui che adora la mia essenza residente in tutti gli esseri viventi e che dimora fermo nello spettacolo dell'Unità, in qualsiasi situazione si trovi, è sempre con Me.

32 Colui, Arjuna, che, istruito dalla sua stessa identità, vede l'Identità ovunque, felice o infelice, è uno Yogi eccellente. »

Arjuna:

33 « Riguardo a questa Unione mistica che tu poni nell'Identità, o uccisore di Madhu, io non vedo come l'incostanza dello spirito le lasci una sede solida,

34 Perché lo spirito è incostante, o Krishna, è mobile, potente e violento; mi sembra tanto difficile da sottomettere quanto il vento. »

Il Benedetto:

35 « Senza dubbio, o eroe, lo spirito è mobile e difficile da afferrare; ma, con l'esercizio e l'espulsione delle passioni, figlio di Kuntî, lo si ferma.

36 Per colui che non è stato domato, l'Unione è difficile da raggiungere, secondo me; ma, per l'uomo che si è padroneggiato, ci sono dei mezzi per raggiungerla. »

Arjuna:

37 « L'uomo non sottomesso, ma credente, il cui spirito si è

allontanato dall'Unione divina e non ha potuto raggiungere la perfezione, in quale via entra, o Krishna ?

38 Respinto da una parte e dall'altra, scompare come la nube spaccata, senza fermarsi, perso, lontano dal sentiero divino?

39 O Krishna, risolvimi interamente questo dubbio: solo tu puoi dissiparlo. »

Il Benedetto:

40 « Figlio di Prithâ, né qui in basso, né là in basso, quest'uomo può annientarsi: un uomo di bene, amico mio, non entra mai nella via della rovina.

41 Va nella dimora dei puri; vi abita un gran numero di anni; poi rinasce in una famiglia di puri e benedetti,

42 O anche di saggi che praticano l'Unione mistica. Ora, è molto difficile ottenere in questo mondo una tale origine.

43 Allora riprende il pio esercizio che aveva praticato nella vita precedente, e si sforza più proficuamente verso la perfezione, o figlio di Kuru;

44 Perché la sua precedente educazione lo trascina suo malgrado, anche quando, nel suo desiderio di arrivare all'Unione, trasgredisce la dottrina brahmanica.

45 Avendo domato il suo spirito con sforzo, lo Yogi, purificato dalle sue impurità, perfezionato da molte nascite, entra infine nella via suprema.

46 È allora considerato come superiore agli asceti, superiore ai saggi, superiore agli uomini d'azione. Unisciti dunque, o Arjuna:

47 Perché tra tutti quelli che praticano l'Unione, colui che, venendo da me nel suo cuore, mi adora con fede, è giudicato da me il più Unito di tutti. »

VII
YOGA DELLA CONOSCENZA

Il Benedetto:

1 « Se tu fissi su di Me il tuo spirito, praticando l'Unione mistica, attento a me, ascolta, figlio di Prithâ, come allora tu Mi conoscerai tutto intero con evidenza.

2 Ti esporrò completamente, con le sue divisioni, questa scienza oltre la quale, qui in basso, non resta niente da apprendere:

3 Di tante migliaia di uomini solo qualcuno si sforza di raggiungere la perfezione; e tra questi saggi eccellenti, uno solo appena Mi conosce nella Mia essenza.

4 La terra, l'acqua, il fuoco, il vento, l'aria lo spirito, la ragione e il me, tale è la mia natura divisa in otto elementi:

5 Questa è l'inferiore. Conoscine ora un'altra che è la mia natura superiore, principio di vita che sostiene il mondo.

6 È nel suo seno che risiedono tutti gli esseri viventi: comprendilo; perché la produzione e la dissoluzione dell'Universo, sono io;

7 Al di sopra di me non c'è niente; a me è sospeso l'Universo come una collana di perle ad un filo.

8 Io sono nelle acque il sapore, figlio di Kuntî; sono la luce nella Luna e nel Sole; la lingua in tutti i Veda; il suono nell'aria; la forza maschile negli uomini;

9 Il profumo puro nella terra; nel fuoco lo splendore: la vita in tutti gli esseri; la continenza negli asceti.

10 Sappi, figlio di Prithâ, che sono il seme inesauribile di tutti i viventi; la scienza dei saggi, il coraggio dei valorosi;

11 La virtù dei forti esente da passione e desiderio. Io sono negli esseri animati l'attrazione autorizzata dalla giustizia.

12 Io sono la fonte delle qualità che nascono dalla verità, dalla passione e dalla oscurità; ma io non sono in esse, esse sono in me.

13 Ingannato dalle manifestazioni di queste tre qualità, tutto questo mondo misconosce che io sia loro superiore e che sia indistruttibile.

14 Da questa magia, che io sviluppo nelle manifestazioni delle cose, è difficile liberarsi; vi si sfugge seguendo Me;

15 Ma non saprebbero seguirmi né i malvagi, né le anime tormentate; né quegli uomini infimi la cui intelligenza è in preda alle illusioni dei sensi e che sono della natura dei demoni.

16 Quattro classi di uomini buoni mi adorano, Arjuna: l'afflitto, l'uomo desideroso di sapere, chi lavora per aiutare, e il saggio.

17 Quest'ultimo, sempre in contemplazione, attaccato a un culto unico, supera tutti gli altri. Perché il saggio mi ama al di sopra di tutte le cose, e io l'amo allo stesso modo.

18 Tutti questi servitori sono buoni; ma il saggio, sono io stesso; perché, nell'Unione mentale, mi segue come la sua ultima via

19 E, dopo varie rinascite, il saggio viene da me - « L'Universo, è Vâsudêva »; chi parla così comprende la Grande Anima dell'Universo.

20 Quelli la cui intelligenza è in preda ai desideri si rivolgono ad altre divinità: seguono ognuno il suo culto, incatenati come sono dalla propria natura.

21 Quale che sia la persona divina a cui un uomo offre il suo culto, io rafforzo la sua fede in quel dio;

22 Tutto pieno del suo credo, si sforza di servirlo; e ottiene da lui i beni che desidera e di cui io sono il distributore.

23 Ma limitata è la ricompensa di questi uomini di poca intelligenza; quelli che sacrificano agli dei vanno dagli dei; quelli che adorano Me vengono da Me.

24 Gli ignoranti mi credono visibile, io che sono invisibile; è perché non conoscono la mia natura superiore, inalterabile e suprema;

25 Perché io non mi manifesto a tutti, avvolto come sono nella magia che l'Unione spirituale dissipa. Il mondo pieno di turbamento non mi conosce, me che sono esente da nascita e da distruzione.

26 Io conosco gli esseri passati e presenti, Arjuna, e quelli che saranno; ma nessuno di loro mi conosce.

27 Per il turbamento di spirito generato dai desideri e dalle avversioni, o Bhârata,
tutti i viventi in questo mondo corrono all'errore;

28 Ma quelli che, per la purezza delle opere, hanno cancellato i loro peccati, sfuggono al turbamento dell'errore e mi adorano nella perseveranza,

29 Quelli che si rifugiano in me e cercano in me la liberazione dalla vecchiaia e dalla morte conoscono Dio, l'Anima suprema, e l'Atto nella sua pienezza;

30 e quelli che sanno che io sono il Primo Vivente, la Prima Divinità e il Primo Sacrificio, quelli, nel giorno stesso del trapasso, Uniti a me col pensiero, mi conoscono ancora. »

VIII
YOGA DEL DIO INVISIBILE E SUPREMO

Arjuna:

1 « Cos'è questo Dio, o uccisore di Madhu, e l'Anima Suprema? Cos'è l'Atto? Chi chiami tu Primo Vivente e Prima Divinità?

2 Come può chi abita qui in questo corpo essere il Primo Sacrificio? E come, nel giorno della morte, puoi tu essere nel pensiero degli uomini padroni di se stessi? »

Il Benedetto:

3 « Io chiamo Dio il principio neutro supremo e indivisibile; Anima suprema la sostanza intima; l'Atto, l'emanazione che produce l'esistenza sostanziale degli esseri;

4 Primo Vivente, la sostanza divisibile; Prima Divinità il principio maschile; sono io stesso che, incarnato, sono il Primo Sacrificio, o il migliore degli uomini;

5 e chi, nell'ora finale, si ricorda di me e trapassa, liberato dal suo cadavere, rientra nella mia sostanza; non c'è alcun dubbio;

6 Ma se alla fine della sua vita, quando lascia il corpo, pensa a qualche altra sostanza, è là che ritorna, poiché è su essa che si è modellato.

7 È per questo, figlio di Kunti, che in ogni tempo devi pensare a me, e, se combatti con lo spirito e la ragione diretti verso di me, tu verrai da me, non dubitarne;

8 Perché, quando il pensiero dimora costantemente unito a me e non devia altrove, ritorna allo Spirito celeste e supremo sul quale

meditava.

9 Questo moderatore del mondo, più delicato dell'atomo, supporto dell'Universo, incomprensibile nella forma, brillante al di sopra delle tenebre con lo splendore del Sole:

10 L'uomo che medita su questo essere, fermo nel suo cuore il giorno della morte, unito a lui dall'amore e dall'Unione mistica, riunendo tra le sue sopracciglia il soffio vitale, va verso lo Spirito supremo e celeste.

11 Questa via che i dottori vedici chiamano l'Invisibile; dove camminano gli uomini padroni di se stessi e esenti da passione; che desiderano quelli che abbracciano il santo noviziato, io te la esporrò in poche parole.

12 Essendo serrate tutte le porte dei sensi, lo spirito concentrato nel cuore e il soffio vitale nella testa, fermo e perseverante nell'Unione spirituale,

13 Rivolgendo la parola mistica OM a Dio unico e indivisibile, e ricordandosi di me: chi trapassa così, abbandonando il suo corpo, cammina nella via suprema.

14 L'uomo che, non pensando ad altro, si ricorda incessantemente di me, è uno Yogi perpetuamente unito e a cui io do accesso fino a me.

15 Giunte fino a me, queste grandi anime che hanno raggiunto la perfezione suprema non rientrano più in questa via peritura, soggiorno di mali.

16 I mondi ritornano a Brahma, o Arjuna; ma chi mi raggiunge non deve più rinascere.

17 Quelli che sanno che il giorno di Brahma finisce dopo mille ere e che anche la sua notte comprende mille ere, conoscono il giorno e

la notte.

18 Tutte le cose visibili nascono dall'Invisibile all'avvicinarsi del giorno; e quando si avvicina la notte esse si sciolgono in quello stesso Invisibile.

19 Così tutto questo insieme di esseri vive e rivive volta a volta, si dissipa quando giunge la notte, e rinasce all'arrivo del giorno.

20 Ma, oltre questa natura visibile, ne esiste un'altra, invisibile, eterna: quando tutti gli esseri periscono, essa non perisce.

21 La chiamiamo l'Invisibile e l'Indivisibile; è essa che è la via suprema; quando la si raggiunge, non si ritorna più; è la mia dimora suprema.

22 Si può, figlio di Prithâ, per una adorazione esclusiva, raggiungere questo primo principio maschile, in cui riposano tutti gli esseri, per cui si è sviluppato questo Universo.

23 In quel momento quelli che praticano l'Unione partono per non ritornare o per tornare ancora? È anche questo che voglio dirti, figlio di Bhârata.

24 Il fuoco, la luce, il giorno, la Luna crescente, i sei mesi in cui il Sole è a nord, ecco il tempo in cui gli uomini che conoscono Dio tornano a Dio.

25 Il fumo, la notte, il declino della Luna, i sei mesi del sud, sono il tempo in cui uno Yogi va al globo della Luna, per ritornarne più tardi.

26 Ecco l'eterna doppia via, chiara o tenebrosa, oggetto di fede qui in basso, che conduce da una parte là da dove non si ritorna più, e dall'altra là da dove si deve ritornare.

27 Conoscendo l'una e l'altra, figlio di Prithâ, il devoto non si turba.

Perciò dunque, in ogni tempo, unisciti nell'Unione spirituale.

28 Il frutto di purezza promesso per la lettura dei Veda, per il santo Sacrificio, per le austerità, per la munificenza: lo Yogi lo supera con la scienza e giunge alla sosta suprema. »

IX
YOGA DEL SUPREMO MISTERO DELLA SCIENZA

Il Benedetto:

1 « Ti esporrò ora, nell'insieme e in dettaglio, questa scienza misteriosa il cui possesso ti libererà dal male.

2 È la Scienza suprema, il supremo Mistero, la suprema purificazione, afferrabile con l'intuizione immediata, conforme alla legge, gradevole da compiere, inesauribile.

3 Gli uomini che non credono nella sua conformità alla Legge, non vengono da me e ritornano alle vicissitudini della morte.

4 Sono io che, dotato di una forma invisibile, ho sviluppato questo Universo; in me sono contenuti tutti gli esseri; e non sono io contenuto in loro;

5 E apparentemente, gli esseri non sono in me: tale è il mistero dell'Unione suprema. La Mia anima è il sostegno degli esseri, e senza essere contenuta in loro, lei che è il loro essere.

6 Come nell'aria risiede un grande vento che soffia incessantemente da tutte le parti, così risiedono in me tutti gli esseri: capiscilo, figlio di Kunti.

7 Alla fine del kalpa, gli esseri rientrano nella mia potenza creatrice; all'inizio del kalpa, io li emetto di nuovo.

8 Immutabile nella mia potenza creatrice, io produco anche ad intervalli tutto quell'insieme di esseri senza che lo vogliano e per la sola virtù della mia emanazione.

9 E queste opere non mi incatenano; io sono posto come al di fuori

di esse, e non sono alla loro dipendenza.

10 Sotto la mia sorveglianza, l'emanazione genera le cose mobili e immobili; e in questa condizione, figlio di Kunti, il mondo compie la sua rivoluzione.

11 Rivestito di un corpo umano, gli insensati mi disdegnano, ignorano la mia essenza suprema che comanda tutti gli esseri.

12 Ma la loro speranza è vana; le loro opere sono vane; la loro scienza è vana; il loro pensiero vaga; sono sotto la potenza turbolenta dei Râksa e degli Asura.

13 Ma i saggi magnanimi seguono la mia potenza divina e mi adorano, pensando solo a me e sapendo che sono il principio immutabile degli esseri.

14 Incessantemente mi celebrano con delle lodi, sempre lottando e fermi nei loro voti; mi rendono omaggio, mi adorano, mi servono in una Unione perpetua.

15 Altri mi offrono un Sacrificio di Scienza vedendomi nella mia Unità e semplicità, la faccia voltata da tutte le parti.

16 Io sono il Sacrificio, io sono l'adorazione, io sono l'offerta ai morti; io sono l'erba di salvezza; io sono l'inno sacro; io sono l'unzione; io sono il fuoco; io sono la vittima.

17 Io sono il padre di questo mondo, la sua madre, il suo sposo, il suo avo. Io sono la dottrina, la purificazione, la parola mistica OM; il Rig, il Sâma, e lo Yajour.

18 Io sono la via, il sostegno, il signore, il testimone, la dimora, il rifugio, l'amico, io sono la nascita e la distruzione; la sosta, il tesoro, la semenza immortale.

19 Sono io che scaldo; sono io che trattengo e faccio scendere la

pioggia. Io sono l'immortalità e la morte, l'essere e il non-essere, Arjuna:

20 Da me reclamano la via del paradiso i saggi che hanno letto i tre Veda, che hanno bevuto il sôma, si sono purificati delle loro colpe e hanno compiuto il Sacrificio.
Giunti alla santa dimora del dio Indra, si saziano in paradiso dell'alimento divino.

21 E quando hanno gustato questo vasto mondo dei cieli, essendo il loro merito esaurito, ritornano al soggiorno dei mortali. Così gli uomini che hanno seguito i tre libri della Legge, aspirando solo alla felicità, restano soggetti ai ritorni.

22 Gli uomini che mi servono senza pensare a niente altro, e restano sempre Uniti a me, ricevono da me la felicità dell'Unione.

23 Quelli stessi che, pieni di legge, adorano altre divinità, anche loro mi onorano, anche se fuori della regola antica:

24 Perché sono io che raccolgo e che presiedo tutti i Sacrifici; ma essi non mi conoscono nella mia essenza, e cadono di nuovo.

25 Quelli che sono votati agli dei vanno dagli dei; dagli antenati quelli che sono votati agli antenati; dalle larve, quelli che sacrificano alle larve; e da me, quelli che mi servono.

26 Quando mi si offre in adorazione una foglia, un fiore, un frutto o dell'acqua, io li ricevo come alimenti, come un'offerta devota.

27 Perciò dunque, quello che fai, quello che mangi, quello che sacrifichi, quello che doni, quello che ti infliggi, o figlio di Kunti, fammene offerta.

28 Tu sarai liberato dal legame delle opere, sia che i loro frutti siano buoni o malvagi; e con un'anima tutta alla santa Unione, libero, verrai da me.

29 Io sono uguale verso tutti gli esseri; per loro non ho né odio né amore; ma quelli che mi adorano sono in me, e io sono in loro.

30 L'uomo, anche il più colpevole, se viene ad adorarmi e a rivolgere verso di me tutto il suo culto, deve essere creduto buono; perché ha fatto una buona scelta:

31 Presto diventa giusto e cammina verso l'eterno riposo. Figlio di Kunti, capiscilo, chi mi adora non muore.

32 Perché quelli che cercano rifugio presso di me, fossero anche stati concepiti nel peccato, le donne, anche i vaisya, i sudra, camminano nella via superiore;

33 A più forte ragione i santi brahmani e i devoti rajarshi. Posto in questo mondo perituro, e pieno di mali, adorami,

34 Dirigi verso di me il tuo spirito; e, adorandomi, offrimi il tuo sacrificio e il tuo omaggio. Allora, in Unione con me, vedendo solo me solo, tu arriverai fino a me. »

X
YOGA DELL'ECCELLENZA

Il Benedetto:

1 « Ascolta ancora, o eroe che mi ama, le gravi parole che ti dirò per procurarti la salvezza.

2 Le truppe degli dei e i grandi Rishi non conoscono la mia nascita; perché sono il principe assoluto degli dei e dei grandi Rishi.

3 Quando si sa che non sono nato, che io sono il primo e il Signore del mondo, si sfugge all'errore tra i mortali e si è assolti da ogni peccato.

4 La ragione, la scienza, la certezza, la pazienza, la verità, la continenza, la pace, il piacere e il dolore, la nascita e la distruzione, la paura e la sicurezza,

5 La dolcezza, l'equanimità, la gioia e le austerità, la munificenza, la gloria e l'infamia, sono dei modi di essere delle cose, di cui io sono il distributore.

6 I sette grandi Rishi, i quattro Prajâpati e i Manu, contenuti nella mia sostanza, sono nati per un atto del mio spirito; e da loro è nato in questo mondo il genere umano.

7 Quando si conosce nella loro essenza questa Potenza sovrana e questa Unione che risiedono in me, allora senza alcun dubbio ci si unisce a me con una Unione incrollabile.

8 Io sono l'origine di tutto; da me procede l'Universo: pensando così, mi adorano i saggi, partecipando all'essenza suprema.

9 Pensando a me, sospirando per me, si istruiscono

reciprocamente, parlano sempre di me, gioiscono, sono felici.

10 Sempre in stato d'Unione, mi offrono un Sacrificio di amore, e ricevono da me questa Unione mistica dell'intelligenza per cui arrivano fino a me.

11 Nella mia misericordia e senza uscire dalla mia Unità, io dissipo in loro le tenebre dell'ignoranza, con la fiamma luminosa della scienza. »

Arjuna:

12 « Voi siete il Dio supremo, la dimora suprema, la purificazione suprema; lo Spirito eterno e celeste, la Prima Divinità, senza nascita; il Signore.

13 È quello che confessano tutti i Rishi, il Dêvarshi Nârada, Asita, Dêvala, Vyâsa. È anche quello che tu mi annunci.

14 Io credo, o guerriero chiomato, nella verità della tua parola; perché né gli dei, né i Danava sanno come tu ti rendi visibile;

15 Tu solo, tu conosci te stesso, o Spirito supremo, Essere degli esseri, Principe dei viventi, Dio degli dei, Signore delle creature.

16 Dimmi senza reticenze le virtù celesti per cui tu mantieni questo mondo penetrandole.

17 Dimmi, Yogi, come, Unito a te col pensiero, potrei conoscerti; in quali parti della tua essenza, o Benedetto, tu sarai per me intelligibile.

18 Raccontami a lungo la tua Unione mistica e la tua virtù suprema, o vincitore degli uomini. La tua parola è per i miei orecchi un'ambrosia di cui non posso saziarmi. »

Il Benedetto:

19 « Ebbene! Ti racconterò le mie virtù celesti: sommariamente, figlio di Kuru, perché non ci sono limiti alla mia immensità.

20 Io sono l'Anima che risiede in tutti gli esseri viventî; io sono l'inizio, il mezzo e la fine degli esseri viventi.

21 Tra gli Aditya, io sono Vishnu; tra i corpi luminosi, il Sole radioso; io sono Maritchi tra i Marut, e la Luna tra le costellazioni.

22 Tra i Veda, il Sâma; tra gli dei, Vâsava. Tra i sensi, sono lo Spirito; tra i viventi, l'Intelligenza.

23 Tra i Rudra, io sono Sankara; io sono il Signore delle ricchezze tra gli Yaksa e i Raksasa; tra i Vasu, sono Pâvaka; tra le cime dei monti, il Meru.

24 Io sono il primo dei pontefici, sappilo, figlio di Prithâ; io sono Vrihaspati. Tra i capi d'armata, sono Skanda; tra i laghi, l'Oceano.

25 Tra i Maharchi, sono Bhrigu; tra le parole pronunciate la parola indivisibile « ôm »; tra i Sacrifici, la preghiera a voce bassa; tra le catene delle montagne, l'Himâlaya.

26 Tra tutti gli alberi, l'Aswattha; tra i devarchi, Nârada; tra i musici celesti, Tchitraratha; tra i santi il solitario Kapila.

27 Tra i corrieri, sono Uttchæsravas, nato con l'ambrosia; tra gli elefanti, Ærâvata; tra gli uomini, il capo del potere.

28 Tra le armi da guerra, sono il fulmine; tra le vacche, Kâmaduk. Sono il generatore Kandarpa; tra i serpenti, sono Vâsuki;

29 Tra i Nâga, Ananta; Varuna, tra le bestie acquatiche. Tra gli Antenati, sono Aryaman; Yama, tra i giudici;

30 Prahlâda tra i Dætya; tra le misure, il tempo; tra le bestie selvagge, la tigre, tra gli uccelli, Garuda;

31 Tra gli oggetti purificanti, il vento. Sono Râma tra i guerrieri; tra i pesci, il Makara; tra i fiumi, il Gange.

32 Nelle cose create, Arjuna, io sono l'inizio, il mezzo e la fine; tra le scienze, quella dell'Anima suprema; per quelli che parlano, io sono la parola;

33 Tra le lettere, sono l'A; nelle parole composte, sono la composizione. Io sono il tempo senza limiti; io sono il fondatore il cui sguardo si volge da tutte le parti;

34 La morte che rapisce tutti e la vita delle cose a venire. Tra le parole femminili, io sono la gloria, l'eloquenza, la sagacia, la costanza, la pazienza.

35 Io sono il grande inno tra i canti di Sâma; e, tra i ritmi, la gâyatrî. Tra il mesi, sono il mârgasîrsha; tra le stagioni, la primavera fiorita.

36 Sono l'occasione per i truffatori; lo splendore degli illustri; la vittoria, il consiglio, la veracità dei veritieri.

37 Tra i figli di Vrishni, sono Vâsudêva tra i Pandu, sono te stesso, Arjuna; tra i solitari sono Vyâsa; tra i poeti, Usana.

38 Sono la penitenza degli asceti, la regola d'azione di quelli che desiderano la vittoria, il silenzio dei segreti, la scienza dei saggi.

39 Sono la potenza riproduttiva negli esseri viventi: e questi stessi sono io; perché senza di me nessuna cosa mobile o immobile può essere.

40 Le mie virtù celesti non hanno fine, o Arjuna; e ti ho esposto solo una piccola parte delle mie perfezioni.

41 Ogni oggetto di natura eccellente, felice o forte, sappi che è nato da una parte della mia potenza.

42 Ma perché appesantirti su questa scienza infinita, Arjuna ? Quando feci riposare tutte le cose su una sola porzione di me stesso, il mondo fu costituito. »

XI
VISIONE DELLA FORMA UNIVERSALE

Arjuna:

1 « Il mistero sublime dell'Anima suprema, che tu mi hai esposto per la mia salvezza, ha allontanato da me l'errore.

2 Perché ho inteso la nascita e la distruzione degli esseri, o Dio dagli occhi di loto, e la tua magnanimità imperitura.

3 Tuttavia, Signore, vorrei vederti nella tua forma sovrana, come ti sei dipinto tu stesso;

4 Se pensi che questa visione mi sia possibile, o Signore della santa Unione, allora mostrati alla mia vista nella tua eternità. »

Il Benedetto:

5 « Ecco, figlio di Pritha, le mie forme cento e mille volte variate, celesti, diverse di colore e d'aspetto.

6 Ecco gli Aditya, i Vasu, i Rudra, i due Aswin e i Marut; ecco, figlio di Bhârata, numerose meraviglie che nessuno ancora ha contemplato.

7 Ecco nella sua Unità tutto l'Universo con le cose mobili e immobili; eccolo, compreso nel mio corpo con tutto quello che desideri percepire.

8 Ma, poiché non puoi vedermi con gli occhi del tuo corpo, io ti dono un occhio celeste: contempla dunque in me l'Unione sovrana. »

Sanjaya:

9 « Quando Hari, Signore della santa Unione, ebbe così parlato, fece vedere al figlio di Prithâ la sua figura augusta e suprema,

10 Con molti occhi e volti, molti aspetti mirabili, molti ornamenti divini, sollevando molte armi divine;

11 Portando delle ghirlande e dei vestiti divini, profumati di celesti essenze, meraviglioso in tutte le cose, risplendente, infinito, la faccia volta in tutte le direzioni.

12 Se nel cielo si fosse alzata d'un tratto la Luce di mille soli, sarebbe paragonabile allo splendore di questo Dio magnanimo.

13 Là dunque, nel corpo del Dio degli dei, il figlio di Pandu vide l'Universo intero nella sua molteplicità.

14 Allora, pieno di stupore, coi capelli dritti, l'eroe abbassò la testa e, giungendo in alto le mani, così parlò alla Divinità:

Arjuna:

15 « O Dio, vedo nel tuo corpo tutti gli dei e le schiere degli esseri viventi; e il Signore Brahma seduto su tutti; e tutti i Rishi e i serpenti celesti.

16 Io ti vedo con delle braccia, dei petti, dei volti e degli occhi innumerevoli, con una forma assolutamente infinita. Senza fine, senza mezzo, senza inizio, così ti vedo, Signore universale, forma universale.

17 Tu porti la tiara, la mazza e il disco, montagna di luce da tutte le parti risplendente; appena riesco a guardarti tutto intero; perché tu brilli come il fuoco e come il sole nella tua immensità.

18 Tu sei l'Indivisibile, il supremo Intelligibile. Tu sei il tesoro

sovrano di questo Universo; tu sei imperituro; sei tu che mantieni la Legge immutabile; io vedo che tu sei il principio maschile eterno.

19 Senza inizio, senza mezzo, senza fine: dotato di una potenza infinita; le tue braccia non hanno limite, i tuoi sguardi sono come la Luna e il Sole; la tua bocca ha lo splendore del fuoco sacro.

20 Col tuo calore scaldi questo Universo. Perché tu riempi da solo tutto lo spazio tra il cielo e la terra e tocchi tutte le regioni; alla vista della tua forma soprannaturale e terribile i tre mondi, o Dio magnanimo, si scuotono.

21 Ecco le schiere degli esseri divini che vanno verso di te; qualcuno giunge in alto le mani per timore e prega a voce bassa. « Swasti! » ripetono le assemblee dei Maharshi e dei Santi, e ti celebrano in cantici sublimi.

22 I Rudra, gli Aditya, i Vasu e i Sadya, i Viswa, i dei Aswin, i Marut e gli Ushmapa, le truppe dei Gandharva, degli Yaksa, degli Asura e dei Siddha ti contemplano e restano confusi.

23 Vedendo la tua grande forma, in cui sono tante bocche e occhi, braccia, gambe, e piedi, tanti petti e denti formidabili i mondi sono spaventati; e anche io.

24 Perché vedendoti risplendere di mille colori, vedendo la tua bocca aperta e i tuoi grandi occhi scintillanti, la mia anima è scossa, io non posso ritrovare la mia calma, o Vishnu.

25 Quando vedo la tua faccia armata di denti minacciosi e simile al fuoco che deve bruciare il mondo, non vedo più niente attorno a me e la mia gioia svanisce. Siimi propizio, Signore degli dei, dimora del mondo.

26 Tutti questi figli di Dhritarâshtra con le truppe dei signori della terra, Bhîshma, Drôna, e questo figlio del Cocchiere con i capi dei nostri soldati,

27 Corrono a precipitarsi nella tua bocca formidabile. Qualcuno, la testa rotta, resta sospeso tra i tuoi denti.

28 Come dei torrenti innumerevoli che corrono dritti all'Oceano, questi eroi sono trasportati verso il tuo viso fiammeggiante.

29 Come verso una fiamma accesa l'insetto vola alla morte con una velocità crescente; così i viventi corrono veloci a perdersi nella tua bocca.

30 Da ogni parte la tua lingua si sazia di generazioni intere, e la tua gola ardente li inghiotte. Tu riempi tutto il mondo della tua luce, o Vishnu, e lo scaldi coi tuoi raggi.

31 Raccontami chi sei, Dio formidabile. Lode a te, Dio supreme. Sii propizio. Io desidero conoscerti, essenza primitiva; perché non prevedo la marcia della tua azione.»

Il Benedetto:

32 « Io sono Hâla, il Tempo distruttore del mondo; vecchio, sono venuto qui per distruggere le generazioni. Eccettuato te, non resterà uno solo dei soldati contenuti in questi due eserciti.

33 Perciò dunque alzati, cerca la gloria: trionfa dei nemici e conquista un vasto impero. Ho già assicurato la loro perdita: siine soltanto lo strumento;

34 Ho preso la vita a Drôna, Bhîshma, Jayadratha, Karna, e ad altri guerrieri; uccidili dunque; non turbarti; combatti e vincerai i tuoi rivali. »

Sanjaya:

35 « Quando ebbe inteso queste parole del Dio chiomato, il guerriero che porta la tiara giunse le mani, e, tremando, adorò; poi,

pieno di terrore, si inchinò e disse, balbettando, a Krishna:

Arjuna:

36 « Sì! Al tuo nome, o Dio chiomato, il mondo gioisce e segue la tua Legge, i Raksa spaventati fuggono da ogni parte, le truppe dei Siddha sono in adorazione.

37 e perché dunque, o magnanimo, non adorerei te, più venerabile di Brahma, te il Primo Creatore, l'Infinito, il Signore degli dei, la Dimora del mondo, la Fonte invisibile dell'essere e del non essere?

38 Tu sei la prima Divinità, l'antico Principio maschile, il Tesoro sovrano di questo Universo. Tu sei il Sapiente e l'Oggetto della Scienza, e la Dimora Suprema. Per te si è dispiegato questo Universo, o Tu la cui forma è infinita!

39 Tu sei Vâyu, Yama, Agni, Varuna, e la Luna, e il Prajâpati e il grande Avo. Gloria, gloria a te mille volte! E di nuovo ancora gloria, gloria a te!!

40 Gloria in tua presenza e dietro a te, in tutti i luoghi, o Universo! Dotato di una forza infinita, di una potenza infinita, tu abbracci l'Universo e così tu sei Universale.

41 Se, credendoti mio amico, io mi sono rivolto a te vivacemente in questi termini: « Vieni, Krishna; qui, figlio di Yadu; andiamo, amico mio »; se ho misconosciuto la tua Maestà, sia per la mia temerità, che per il mio zelo;

42 Se ti ho offeso giocando, o passeggiando, o dormendo, o seduto, o a tavola, sia solo, sia davanti a questi guerrieri: Dio augusto e infinito perdonamelo.

43 Tu sei il Padre delle cose mobili e immobili; tu sei più venerabile di un maestro spirituale. Nessuno è uguale a te; chi dunque, nei tre mondi, potrebbe superarti, o tu la cui Maestà non ha limiti?

44 È per questo che, inchinandomi e prosternandomi, imploro la tua grazia, Signore degno di lode: siimi propizio, come padre lo è verso suo figlio, un amico verso l'amico, un amato verso l'amata.

45 Quando ho visto la meraviglia che nessuno aveva potuto vedere, la gioia ha riempito il mio cuore, ma la paura ora lo turba. Mostrami la tua prima forma, o Dio! Siimi propizio, Signore degli dei, Dimora del mondo!

46 Vorrei rivederti con la tiara, la mazza e il disco; riprendi la tua figura a quattro braccia, o tu che hai innumerevoli braccia e forme. »

Il Benedetto:

47 « È per la mia grazia, Arjuna, e per la forza della mia Unione mistica che tu hai visto la mia forma suprema, risplendente, universale, infinita, primordiale, che nessuno prima di te aveva visto.

48 Né i Veda, né il Sacrificio, né la Lettura, né le Elemosine, né le dure Penitenze saprebbero rendermi visibile a qualcun altro sulla terra se non a te, figlio di Kuru.

49 Non aver paura, né turbamento, per aver visto la mia forma spaventevole: libero dalla paura, con la gioia nel cuore, rivedrai la mia prima figura. »

Sanjaya:

50 « A queste parole, il magnanimo Vâsudêva fece vedere ad Arjuna la sua altra forma, e calmò il suo terrore mostrandosi di nuovo con un viso sereno. »

Arjuna:

51 « Ora che vedo la tua forma umana e placida, o guerrieri,

ridivento padrone del mio pensiero e rientro nell'ordine naturale. »

Il Benedetto:

52 « Questa forma così difficile da percepire e che tu hai contemplato, gli stessi dei desiderano incessantemente vederla.

53 Ma né i Veda, né l'Austerità, né l'Offerta di doni, né il Sacrificio possono farmi apparire come tu mi hai visto.

54 È con una adorazione esclusiva, Arjuna, che mi si può conoscere sotto questa forma, e vedermi nella mia realtà, e penetrare in me.

55 Chi fa tutto in vista di me, chi mi adora al di sopra di tutto, e chi non ha concupiscenza né odio per nessun essere vivente, colui viene da me, figlio di Pându. »

XII
YOGA DELL'ADORAZIONE

Arjuna:

1 « Dei fedeli che sempre in stato di unione ti servono incessantemente, e di quelli che si attaccano all'Indivisibile che non si può vedere, quali conoscono meglio l'Unione mistica? »

Il Benedetto:

2 « Quelli che, riposando in me il loro spirito, mi servono incessantemente, pieni di una fede eccellente, sono quelli che, ai miei occhi, praticano meglio la santa Unione.

3 Ma quelli che cercano l'Indivisibile che non si può vedere né sentire, presente ovunque, incomprensibile, sublime, immutabile, invariabile,

4 E che, assoggettando tutti i loro sensi, tengono il loro pensiero in equilibrio e si rallegrano del bene di tutti i viventi: anche quelli mi raggiungono.

5 Ma quando il loro spirito persegue l'Invisibile, la loro pena è più grande; perché difficilmente le cose corporali permettono di cogliere l'Invisibile.

6 Quelli, al contrario, che hanno compiuto in me la rinuncia delle opere, quelli di cui io sono l'unico oggetto e che, con una Unione esclusiva, mi contemplano e mi servano:

7 Io li sottraggo presto a questo mare di alternative della morte, perché il loro pensiero è con me.

8 Dedicami dunque il tuo spirito, fai riposare in me la tua ragione,

e poco dopo, senza alcun dubbio, tu abiterai in me.

9 Se non sei in stato di riposare fermamente in me il tuo pensiero, sforzati, uomo generoso, di raggiungermi con una Unione perseverante.

10 Che se tu non sei capace di perseveranza, agisci sempre con l'intenzione su me, e, non facendo niente che non mi sia gradito, arriverai alla perfezione.

11 E se anche questo è superiore alle tue forze? Volgiti verso la santa Unione: fai un atto di rinuncia ai frutti delle opere, e sottomettiti tu stesso.

12 Perché la scienza vale più della perseveranza; la contemplazione vale più della scienza; la rinuncia vale più della contemplazione; e poco dopo la rinuncia c'è la beatitudine.

13 L'uomo senza odio per nessuno dei viventi, buono e misericordioso, senza egoismo, senza amor proprio, equanime verso il piacere e il dolore, paziente;

14 Gioioso, sempre in stato di Unione, padrone di se stesso, fermo nei buoni propositi, con lo spirito e la ragione attaccati a me, mio servitore: questo uomo mi è caro.

15 Chi non si turba per il mondo e che il mondo non turba; chi è esente dal trasporto della gioia e della collera, dalla paura e dai terrori: anche quello mi è caro.

18 L'uomo senza seconde intenzioni, puro, retto, indifferente, esente da turbamento, staccato da tutto quello che intraprende, mio servitore: è un uomo che mi è caro.

17 Colui che non si abbandona né alla gioia né all'odio, né alla tristezza né ai rimpianti, e che, per servirmi, non si occupa più del successo o dell'insuccesso: quello mi è caro.

18 L'uomo equanime verso i suoi nemici e amici, equanime verso gli onori e l'infamia, il freddo e il caldo, il piacere e il dolore, esente da desideri;

19 Equanime verso il biasimo e la lode, silenzioso, sempre soddisfatto, senza domicilio, fermo nel suo pensiero, mio servitore: è un uomo che mi è caro.

20 Ma quelli che si siedono, come ti ho detto, al santo banchetto di immortalità, pieni di fede e avendo Me per unico oggetto: ecco i miei più cari servitori. »

XIII
YOGA DELLA DISTINZIONE DELLA MATERIA E DELL'IDEA

Il Benedetto:

1 « Figlio di Kuntî, questo corpo è chiamato Materia, e il soggetto che conosce è chiamato dai sapienti Idea della Materia.

2 Sappi dunque, figlio di Bhârata, che, in tutti gli esseri materiali, io sono l'Idea della Materia, la scienza che abbraccia la Materia e la sua Idea è ai miei occhi la vera scienza.

3 Apprendi dunque in breve la natura della Materia, le sue qualità, le sue modificazioni, la sua origine, come anche la natura dello Spirito e le sue facoltà.

4 Questi soggetti sono stati molte volte e separatamente cantati dai Saggi in ritmi vari, e nei versi dei Sutra brahmanici che trattano e ragionano delle cause.

5 I grandi principi, il me, la ragione, l'astratto, gli undici organi di senso e i cinque tipi di percezione:

6 Poi il desiderio, l'odio, il piacere, il dolore, l'immaginazione, l'intelletto, le idee: ecco in breve quello che chiamiamo Materia, con le sue modificazioni.

7 La modestia, la sincerità, la mansuetudine, la pazienza, la rettitudine, il rispetto del precettore, la purezza, la costanza, il dominio di se stesso;

8 L'indifferenza per le cose sensibili, l'assenza di egoismo, la percezione del male della nascita, della morte, della vecchiaia, della malattia, del dolore, del peccato;

9 Il disinteresse, il distacco riguardo a dei figli, della moglie, della casa e di altri oggetti; la perpetua equanimità dell'anima negli eventi desiderati o temuti;

10 Un culto costante e fedele in una unione esclusivo con me; il ritiro in un luogo solitario, l'allontanamento dalle gioie del mondo;

11 La perpetua contemplazione dell'Anima suprema: la vista della quale produce la conoscenza della verità: ecco questo che chiamiamo la Scienza; il contrario è l'Ignoranza.

12 Ti dirò dunque quello che occorre sapere, quello che è per l'uomo l'alimento di immortalità: Dio, senza inizio e supremo, non può essere definito un essere né un non-essere;

13 Dotato in tutti i luoghi di mani e piedi, di occhi e orecchie, di teste e volti, risiede nel mondo, che abbraccia completamente.

14 Esso illumina tutte le facoltà sensibili, senza avere lui stesso alcun senso; staccato da tutto, sostiene tutto; senza attributi, percepisce tutti gli attributi;

15 Interno ed esterno agli esseri viventi, ugualmente immobile e in movimento, non discernibile per la sua sottigliezza sia da lontano che da vicino;

16 Senza essere diviso tra gli esseri, è diffuso in tutti; sostiene gli esseri, li assorbe e li emette volta a volta.

17 Luce dei corpi luminosi, è al di là delle tenebre. Scienza, oggetto della scienza, scopo della scienza, è in fondo a tutti i cuori.

18 Tali sono, in breve, la Materia, la Scienza e l'oggetto della Scienza. Il mio servitore, che sa discernere queste cose, arriva fino alla mia essenza.

19 Sappi che la Natura e il Principio Maschile sono esenti tutti e due da inizio, e che i cambiamenti e le qualità traggono la loro origine dalla natura.

20 La causa attiva contenuta nell'atto corporale è la natura; il Principio Maschile è la causa che percepisce il piacere e il dolore.

21 In effetti, risiedendo nella natura, questo Principio percepisce gli attributi naturali; ed è per la sua attrazione verso questi attributi che si genera una matrice buona o cattiva.

22 Spettatore e guida, sostenendo e percependo tutte le cose, padrone sovrano, Anima universale che risiede in questo corpo, tale è il Principio Maschile supremo.

23 Colui che conosce questo Principio e la Natura con i suoi attributi, in qualunque condizione si trovi, non deve più rinascere.

24 In molti contemplano l'Anima da loro stessi e in loro stessi; altri, con una unione razionale; altri ancora con l'Unione mistica delle opere;

25 Altri infine, che l'ignorano, imparano da altri a conoscerla e si applicano: anche tutti questi uomini, dediti alla Scienza divina, sfuggono alla mortalità.

26 Quando si genera un essere qualunque, mobile o immobile, sappi, figlio di Bhârata, che questo avviene per l'unione della Materia e dell'Idea.

27 Vede giustamente chi vede questo principio sovrano uniformemente diffuso in tutti i viventi e non muore quando essi muoiono;

28 Vedendolo uguale e ugualmente presente in tutti i luoghi, non fa nessun torto a se stesso, e entra, poco dopo, nella vita superiore.

29 Se vede che il compiere delle azioni è interamente opera della Natura e che lui stesso non ne è l'agente, vede giustamente.

30 Quando vede l'essenza individuale degli esseri che risiede nell'unità e trae da là il suo sviluppo, cammina verso Dio.

31 Poiché è esente da inizio e da attributi, questa Anima suprema inalterabile, figlio di Kunti, sempre risiedendo in un corpo, non agisce, né viene sporcata.

32 Come l'aria diffusa in tutti i luoghi, che, per la sua sottigliezza, non riceve nessuna sporcizia; così l'Anima dimora ovunque senza macchia nella sua unione col corpo.

33 Come il Sole illumina da solo tutto questo mondo; così l'Idea illumina tutta la Materia.

34 Quelli, che attraverso l'occhio della scienza vedono la differenza della Materia e della sua Idea, e la liberazione dei legami della natura – questi vanno in alto. »

XIV
YOGA DELLA DISTINZIONE DELLE TRE QUALITÀ

Il Benedetto:

1 « Ti parlerò della Scienza sublime, la prima delle scienze, il cui possesso ha fatto passare tutti i Solitari di qui in basso alla beatitudine;

2 Penetrati in questa Scienza, e giunti alla mia condizione, essi non rinascono più, al giorno dell'inizio del Kalpa, e la dissoluzione del Kalpa non li tocca.

3 Ho per matrice la Divinità suprema: è là che deposito un germe che è, o Bhârata, l'origine di tutti i viventi.

4 Dei corpi che nascono in tutte le matrici, Brahmâ è la matrice immensa; e io sono il padre che fornisce il seme.

5 Verità, istinto, oscurità, tali sono le qualità che nascono dalla natura e che legano al corpo l'anima inalterabile.

6 La verità, brillante e sana per la sua incorruttibilità, lo lega con la tendenza alla gioia e alla scienza;

7 L'istinto, parente della passione e proveniente dall'appetito, lo lega con la tendenza all'azione;

8 Quanto all'oscurità, sappi, figlio di Kuntî, che proviene dall'ignoranza e che porta turbamento in tutte le anime; essa le incatena con la stupidità, la pigrizia e l'intorpidimento.

9 La verità lega le anime nella dolcezza; la passione le lega nell'opera; l'oscurità, velando la verità, le lego nell'ottusità.

10 La verità nasce dalla sconfitta degli istinti e dell'ignoranza, o Bhârata; l'istinto, dalla sconfitta dell'ignoranza e della verità; l'ignoranza, dalla sconfitta della verità e dell'istinto.

11 Quando in questo corpo la luce della scienza penetra da tutte le parti, la verità allora è nella sua maturità.

12 L'ardore nell'intraprendere le opere e a procedervi, l'inquietudine, il vivo desiderio, nascono dall'istinto giunto alla sua maturità.

13 L'accecamento, la lentezza, la stupidità, l'errore nascono, figlio di Kuru, dall'oscurità giunta alla sua maturità.

14 Quando, nell'età matura della verità, un mortale arriva alla dissoluzione del suo corpo, si reca alla dimora immacolata dei chiaroveggenti.

15 Colui che muore nella passione rinasce tra degli esseri spinti dalla passione di agire. Se si muore nell'oscurità dell'anima, si rinasce nella matrice di una razza stupida.

16 Il frutto di una buona azione è detto puro e vero; il frutto della passione è l'infelicità; quello dell'oscurità è l'ignoranza.

17 Dalla verità nasce la scienza; dall'istinto l'ardore avido; dall'oscurità nascono la stupidità, l'errore e anche l'ignoranza.

18 Gli uomini di verità vanno in alto; gli appassionati, in una regione media; gli uomini di tenebre, che restano nella condizione più bassa, vanno in basso.

19 Quando un uomo considera e riconosce che non ci sono altri agenti che queste tre qualità, e sa quello che è loro superiore, allora va verso la mia condizione.

20 Il mortale che ha attraversato e superato queste tre qualità, nate

dal corpo, sfugge alla nascita, alla morte, alla vecchiaia, al dolore, e si sazia d'ambrosia. »

Arjuna:

21 « Che segno porta, Signore, chi ha superato le tre qualità? Qual è la sua condotta? E come ci si libera da queste qualità? »

Il Benedetto:

22 « Figlio di Pandu, colui che, in presenza della verità, dell'attività, o dell'errore non le odia, e, che, in loro assenza, non li desidera;

23 Che assiste al loro sviluppo come spettatore e senza commuoversi, e si allontana con calma dicendo: « È la marcia delle qualità »;

24 Colui che, equanime verso il piacere e il dolore, padrone di se stesso, vede con lo stesso occhio la zolla di terra, la pietra, e l'oro; che tiene con fermezza l'equilibrio tra le gioie e le pene, tra il biasimo e l'elogio che si fa di lui;

25 Tra gli onori e l'infamia, tra l'amico e il nemico; che pratica la rinuncia in tutti i suoi atti; colui si è affrancato dalle qualità.

26 Quando mi si serve nell'unione di un culto che non varia, ci si è liberati dalle qualità, e si partecipa dell'essenza di Dio.

27 Perché io sono la dimora di Dio, dell'inalterabile ambrosia, della giustizia eterna, e della felicità infinita. »

XV
YOGA DELLA MARCIA VERSO IL PRINCIPIO
MASCHILE SUPREMO

Il Benedetto:

1 « È un albero di baniano perpetuo, un aswattha che spinge in alto le sue radici, e in basso i suoi rami, e le cui foglie sono dei poemi: chi lo conosce, conosce i Veda.

2 Ha delle diramazioni che si estendono in alto e in basso, avendo per rami le qualità, per gemme gli oggetti sensibili; ha anche delle radici che si allungano verso il basso e che, in questo mondo, incatenano gli umani col legame delle opere.

3 Qui in basso non si coglie bene né la sua forma, né il suo inizio, né il suo posto. Quando, con la solida spada dell'indifferenza, l'uomo ha tagliato questo baniano dalle forti radici,

4 Occorre, allora, che cerchi il luogo in cui va per non più ritornare. Ora, sono io che lo conduco a questo Principio Maschile primordiale da dove è nata l'antica emanazione del mondo.

5 Quando ha vinto l'orgoglio, l'errore e il vizio della concupiscenza, fissato il suo pensiero sull'Anima suprema, allontanato i desideri, messo fine alla battaglia spirituale del piacere e del dolore, cammina senza deviare verso la dimora eterna.

6 Quel luogo da cui non ritorna non riceve la luce né dal Sole, né dalla Luna, né dal Fuoco: è là la mia dimora suprema.

7 In questo mondo della vita, una parte di me, che anima i viventi e che è immortale, attira a sé lo spirito e i sei sensi che risiedono nella natura.

8 Quando questo signore sovrano prende i corpo o li abbandona, li ha sempre con sé nel suo cammino, simile al vento che si carica di odori.

9 Impadronendosi dell'udito, della vista, del tatto, del gusto, dell'odorato e dei sensi interni, entra in relazione con le cose sensibili.

10 Alla sua partenza, durante il suo soggiorno e nel suo stesso esercizio, gli spiriti turbati non lo percepiscono sotto le qualità, ma gli uomini istruiti lo vedono.

11 Quelli che si esercitano nell'Unione mistica le vedono anche in se stessi: ma quelli che, anche esercitandosi, non si sono ancora emendati, non hanno l'intelligenza in grado di vederlo.

12 Lo splendore che dal Sole risplende su tutto il mondo, quello che risplende nella Luna e nel Fuoco, sappi che è il mio splendore.

13 Penetrando la terra, sostengo i viventi con la mia potenza; nutro tutte le erbe dei campi e divengo il « sôma » gustoso.

14 Sotto forma di calore, penetro i corpi degli esseri che respirano e, unendomi al doppio movimento della respirazione, assimilo in loro i quattro tipi di alimenti.

15 Io risiedo in tutti i cuori, da me procedono la memoria, la scienza e il ragionamento. In tutti i Veda, sono io che si deve cercare di riconoscere perché sono l'autore della teologia e sono il teologo.

16 Ecco i due Principi Maschili che sono nel mondo: uno è divisibile, l'altro è indivisibile; il divisibile è ripartito in tutti i viventi; l'indivisibile è detto superiore.

17 Ma c'è un altro Principio Maschile primordiale, sovrano, indistruttibile, che ha il nome di Anima suprema, e che penetra nei tre mondi e li sostiene.

18 E poiché io supero il divisibile e anche l'indivisibile, è per questo che, nel mondo e nei Veda, mi chiamano il Principio Maschile supremo.

19 Colui che, senza turbarsi, mi riconosce con questo nome, conosce l'insieme delle cose e mi onora con tutta la sua condotta.

20 O guerriero senza peccato, io ti ho esposto la più misteriosa delle dottrine. Chi la conosce deve essere un saggio e la sua opera deve essere compiuta. »

XVI
YOGA DELLA DISTINZIONE DELLA CONDIZIONE DIVINA E DELLA CONDIZIONE DEMONIACA

Il Benedetto:

1 « Il coraggio, la purificazione dell'anima, la perseveranza nell'Unione mistica della scienza, la liberalità, la temperanza, la pietà, la meditazione, l'austerità, la rettitudine;

2 L'umore pacifico, la veracità, la dolcezza, la rinuncia, la calma interiore, la benevolenza, la pietà per gli esseri viventi, la pace del cuore, la mansuetudine, il pudore, la serietà;

3 La forza, la pazienza, la fermezza, la purezza, l'allontanamento dalle offese, la modestia: tali sono, o Bhârata, le virtù di colui che è nato in una condizione divina.

4 L'ipocrisia, l'orgoglio, la vanità, la collera, la durezza di linguaggio, l'ignoranza: tali sono, figlio di Prithâ, i segni di colui che è nato nella condizione degli Asura.

5 Una sorte divina porta alla liberazione; una sorte di Asura porta alla schiavitù. Non piangere, figlio di Pandu, tu sei di condizione divina.

6 Ci sono due nature tra i viventi, quella divina e quella degli Asura. Ti ho spiegato a lungo la prima; ascolta anche che cos'è l'altra:

7 Gli uomini di natura infernale non conoscono l'emanazione delle anime e il loro ritorno a me; non si trova in essi né purezza, né regola, né verità.

8 Dicono che non esiste nel mondo né verità, né ordine, né provvidenza: che il mondo è composto di fenomeni che si spingono

a vicenda, e che è solo un gioco del caso.

9 Si fermano a questo modo di vedere; e perdendo se stessi, diminuendo la loro intelligenza, si danno ad azioni violente e sono i nemici del genere umano.

10 Dediti a desideri insaziabili, inclini alla frode, alla vanità, alla follia, l'errore li trascina ad acquisizioni ingiuste e li ispira con desideri impuri.

11 I loro pensieri sono erronei: credono che tutto finisca con la morte; attenti a soddisfare i loro desideri, persuasi che tutto sia qui.

12 Incatenati dai nodi di mille speranze, tutti intenti ai loro desideri e alla rabbia per godere di essi, si sforzano, per vie ingiuste, di accumulare sempre.

13 « Ecco, dicono, quello che ho guadagnato oggi; mi procurerò questa piacevolezza; ho questo, e poi avrò quell'altro bene.

14 Io ho ucciso quel nemico, e ucciderò così gli altri. Io sono un principe, sono forte, sono gioioso;

15 Sono opulento; sono un gran signore. Chi dunque c'è pari a me ? Farò dei Sacrifici, offrirò dei doni; mi donerò del piacere. » Ecco come parlano, deviati dall'ignoranza.

16 Agitati da numerosi pensieri, avvolti nella rete dell'errore, occupati a soddisfare i loro desideri, cadono in un inferno impuro.

17 Pieni di se stessi, ostinati, pieni di orgoglio e della follia delle ricchezze, offrono dei Sacrifici ipocriti, in cui la regola non è seguita e che di Sacrificio hanno solo il nome.

18 Egoisti, violenti, vanitosi, licenziosi, collerici, detrattori di altri, mi detestano negli altri e in loro stessi.

19 Ma io, io prendo questi uomini odiosi e crudeli, questi uomini di grado infimo, e per sempre li getto alle vicissitudini della morte, perché rinascano miserabili negli uteri dei demoni.

20 Caduti in un tale utero, vagano di generazione in generazione, senza mai raggiungermi, ed entrano infine, figlio di Kunti, nella via infernale.

21 L'inferno ha tre porte a cui portano la voluttà, la collera, e l'avarizia. Occorre dunque evitarle.

22 L'uomo che ha saputo sfuggire a queste tre porte di tenebre è sul sentiero della salvezza e cammina nella via superiore.

23 Ma l'uomo che si è sottratto ai comandamenti della Legge, per seguire solo i suoi desideri, non raggiunge la perfezione, né la felicità, né la via superiore.

24 Che la Legge sia la tua autorità e ti insegni quello che si deve fare e quello che non si deve fare. Sapendo dunque cosa ordinano i precetti della Legge, seguili. »

XVII
YOGA DELLE TRE SPECIE DI FEDE

Arjuna:

1 « E di quelli che, trascurando le regole della Legge, offrono con fede il Sacrificio qual è il posto, o Krishna ? È quello della verità, della passione, o dell'oscurità ? »

Il Benedetto:

2 « Ci sono tre tipi di Fede tra gli uomini: ogni specie dipende dalla natura di ognuno. Renditi conto che essa si regge sulla verità, sulla passione, o sulle tenebre;

3 E che segue il carattere della persona; il credente si modella sull'oggetto per cui ha fede;

4 Gli uomini di verità sacrificano agli dei: gli uomini di passione agli Yaksa e ai Râksasa; gli uomini di tenebre ai Fantasmi e agli Spettri.

5 Gli uomini che si dedicano a delle rudi penitenze e nondimeno sono altezzosi, egoisti, pieni di desiderio, di passione, di violenza,

6 Torturando nella loro follia gli elementi vitali che compongono il loro corpo, e anche me che risiedo nella loro intimità: sappi che ragionano come degli Asura.

7 Ci sono anche, secondo le persone, tre tipi di alimenti gradevoli, tre tipi di Sacrifici, di austerità, di liberalità: ascoltane le differenze:

8 Gli alimenti sostanziali, che aumentano la vita, la forza, la salute, il benessere, la gioia, alimenti gustosi, dolci, fermi, soavi, piacciono agli uomini di verità.

9 Gli uomini di desiderio amano gli alimenti acri, acidi, salati, molto caldi, amari, acerbi, piccanti, fecondi in dolori e malattie.

10 Un alimento vecchio, stanco, di cattivo odore, corrotto, respinto e sporco, è il nutrimento che piace agli uomini di tenebra.

11 Il Sacrificio offerto secondo la regola, senza pensare alla ricompensa, con il solo pensiero di compiere l'opera santa, è un Sacrificio di verità.

12 Ma quello che viene offerto in vista di una ricompensa e con ipocrisia, o migliore dei Bharata, è un Sacrificio di desiderio.

13 Colui che viene offerto fuori dalla regola, senza distribuzione di alimenti, senza inni, senza onoranze, senza elemosine per il prete, senza fede, è chiamato Sacrificio di tenebre.

14 Il rispetto per gli dei, per i brahmani, per il precettore, per gli uomini istruiti, la purezza, la rettitudine, la castità, la mansuetudine sono chiamate austerità del corpo.

15 Un linguaggio moderato, veritiero, pieno di dolcezza, l'uso delle letture pie sono le austerità della parola.

16 La pace del cuore, la calma, il silenzio, il controllo di sé, la purificazione del suo essere, tale è l'austerità del cuore.

17 Questa tripla austerità, praticata dagli uomini pii, con una fede profonda e senza pensare alla ricompensa, è detta conforme alla verità.

18 Un'austerità ipocrita, praticata per l'onore, il rispetto e gli omaggi che procura, è un'austerità di passione; è instabile e incerta.

19 Quella che, nata da un'immaginazione deviata, non ha altro scopo che torturare se stessi o perdere gli altri, è un'austerità di

tenebre.

20 Un dono fatto col sentimento del dovere, a un uomo che non può contraccambiare, dono fatto a tempo e luogo e secondo il merito, è un dono di verità.

21 Un dono fatto con la speranza di essere contraccambiati o di una ricompensa, procede dal desiderio.

22 Un dono fatto a degli indegni, fuori tempo e fuori luogo, senza deferenza, in modo offensivo, è un dono di tenebre.

23 Om. Egli. Il Bene. Tale è la tripla designazione di Dio: è per lui che furono costituiti i Brahmani, i Veda, e il Sacrificio.

24 È per questo che i teologi non compiono mai gli atti del Sacrificio, della carità o delle austerità, fissati dalla regola, senza aver pronunciato la parola «ôm. »

25 Lui! Ecco quello che dicono, senza speranza di ricompensa, quelli che desiderano la liberazione, quando compiono gli atti diversi dal Sacrificio, dalla carità o dalle austerità.

26 Quando si tratta di un atto di verità o di probità, si impiega questa parola: il Bene; la si pronuncia anche per tutte le azione degne di lode;

27 Anche la perseveranza nella pietà, l'austerità, la carità sono designate con questa parola: il Bene; e ogni azione che ha per oggetto queste virtù è designata da questa stessa parola.

28 Ma ogni sacrificio, ogni dono, ogni penitenza, ogni azione compiuta senza la Fede, è detta cattiva, figlio di Prithâ, e non è niente, né in questa vita né nell'altra. »

XVIII
YOGA DELLA RINUNCIA E DELLA LIBERAZIONE

Arjuna:

1 « Eroe chiomato, vorrei conoscere l'essenza della Rinuncia e dell'Abnegazione, o uccisore di Kesin. »

Il Benedetto:

2 « I poeti chiamano Rinuncia la rinuncia alle opere del desiderio; e i sapienti chiamano Abnegazione l'abbandono del frutto di tutte le opere.

3 Qualche saggio dice che ogni opera che non si è abbandonata è una sorta di peccato; altri dicono che non si devono abbandonare le opere di pietà, di munificenza e di austerità.

4 Ascolta ora, o migliore dei Bhârata, il mio precetto che riguarda l'abnegazione. Capo dei guerrieri, bisogna distinguerne tre tipi :

5 Non si deve rinunciare alle opere di pietà, di carità, o di penitenza: perché un Sacrificio, un dono, una penitenza, sono per i saggi delle purificazioni.

6 Ma quando si è tolto il desiderio e rinunciato al frutto di queste opere, il mio decreto, la mia volontà suprema, è che vengano fatte.

7 La Rinuncia a un atto necessario non è praticabile; una tale rinuncia è una deviazione dello spirito e nasce dalle tenebre.

8 Colui che, stanco per una fatica corporale, rinuncia a un atto e dice: « Questo è faticoso » agisce solo per istinto e non raccoglie alcun frutto dalla sua rinuncia.

9 Ogni atto necessario, Arjuna, si compie dicendo: « Occorre farlo, » e se l'autore ha soppresso il desiderio e abbandonato il frutto delle sue opere, è l'essenza stessa dell'abnegazione.

10 Un uomo in cui c'è l'essenza dell'abnegazione, un uomo intelligente e al riparo dal dubbio, non si estrania per un atto sfortunato, né si attacca per un'opera prospera.

11 Perché non è possibile che l'uomo, dotato di un corpo, si astenga assolutamente da ogni azione; ma se è staccato dal frutto dei suoi atti, allora pratica l'abnegazione.

12 Desiderio, non desiderio, miscela dell'uno e dell'altro, tale è dopo la morte la tripla ricompensa di quelli che non hanno avuto abnegazione, ma non di quelli che l'hanno praticata.

13 Apprendi da me, o guerriero, i cinque principi proclamati dalla teoria dimostrativa come contenuti in ogni atto completo:

14 Sono, da una parte, la potenza direttrice, l'agente e lo strumento; dall'altra gli sforzi diversi, e, in quinto luogo, l'intervento divino.

15 Ogni opera giusta o ingiusta che l'uomo compie con l'azione, in parola o in pensiero, proviene da queste cinque cause.

16 Perciò, colui che, per ignoranza, si considera come l'agente unico dei suoi atti, vede male e non comprende.

17 Colui che non ha l'orgoglio di se stesso, e la cui ragione non è oscurata, anche uccidendo questi guerrieri, non è per questo un assassino e non è legato dal peccato.

18 La Scienza, il suo oggetto, il suo soggetto, tale è il triplo motore dell'azione; l'organo, l'atto, l'agente, tale è la sua tripla comprensione.

19 La Scienza, l'azione e l'agente sono di tre tipi, secondo le loro qualità diverse. Avendoti esposto la teoria delle qualità, ascolta

quello che segue:

20 Una scienza che mostra in tutti gli esseri viventi l'essere unico e inalterabile, e l'indivisibile negli esseri separati, è una scienza di verità.

21 Quella che, negli esseri diversi, considera la natura individuale di ognuno di essi, è una scienza istintiva.

22 Una scienza che si attacca a un atto particolare come se fosse tutto dovuto a lui, scienza senza principi, ristretta, poco conforme alla natura del vero, è chiamata scienza delle tenebre.

23 Un atto necessario, sottratto all'istinto e fatto da un uomo esente da desiderio e da odio, e che non aspira alla ricompensa, è un atto di verità.

24 Un atto compiuto con grandi sforzi per soddisfare un desiderio, o per scopi egoistici, è un atto di passione.

25 Un atto intrapreso follemente da un uomo, senza pensare alle conseguenze, al danno dell'offesa, e per le sue forze personali, è un atto di tenebre.

26 L'uomo privo di passione, di egoismo, dotato di costanza e di coraggio, che non cambia davanti al successo o alla sconfitta, è un agente di verità.

27 L'uomo appassionato, che aspira al prezzo delle sue opere, avido, pronto a nuocere, impuro, dedito agli eccessi della gioia o del dolore, è un agente di passione.

28 L'uomo incapace, vile, ostinato, ingannatore, negligente, ozioso, pigro, sempre pronto a sedersi e trascinarla in lungo, è un agente delle tenebre.

29 Ascolta quindi, o vincitore di ricchezze, pienamente e nelle sue

parti, la tripla divisione della Ragione e della Perseveranza, secondo le qualità personali:

30 Una ragione che conosce l'apparizione e la conclusione delle cose da fare o da evitare, la paura e il coraggio, il legame e la liberazione, è una ragione di verità.

31 Colui che distingue confusamente il giusto e l'ingiusto, quello che occorre fare o evitare, è una ragione istintiva.

32 Uno spirito avvolto da oscurità, che chiama giusto l'ingiusto e inverte tutte le cose, o figlio di Prithâ, è una ragione tenebrosa.

33 Una perseveranza che mantiene gli atti dello spirito, del cuore e dei sensi in una Unione mistica invariabile, è una perseveranza conforme alla verità.

34 Quella, o Arjuna, che persegue il bene, il gradevole e l'utile, diretta secondo l'istinto, verso il frutto delle opere, è una perseveranza di passione.

35 Una perseveranza non intelligente, che non libera l'uomo dalla sonnolenza, dalla paura, dalla tristezza, dallo spavento e dalla follia, è della natura delle tenebre.

36 Ascolta ancora, o principe, le tre specie di Piacere: quando un uomo, con l'esercizio, si mantiene nella gioia e ha messo fine alla tristezza,

37 E quando, per lui, quello che all'inizio era come un veleno è alla fine come un'ambrosia, allora il suo piacere è chiamato sincero; perché nasce dalla calma interiore della sua ragione.

38 Quel piacere che, nato dall'applicazione dei sensi ai loro oggetti, somiglia prima all'ambrosia e poi a del veleno, è un piacere di passione.

39 Quel piacere che, favorito dall'inerzia, la pigrizia e la distrazione, fin dalla nascita e anche poi è solo un turbamento dell'anima, è un piacere di tenebre.

40 Non esiste né sulla terra, né in cielo tra gli dei, nessuna essenza che sia essente da queste tre qualità nate dalla natura.

41 Tra i Brahmani, Gli Ksatriya, i Visya e i Sudra, le funzioni sono state distribuite conformemente alle loro qualità naturali.

42 La pace, la continenza, l'austerità, la purezza, la pazienza, la rettitudine, la scienza con le sue distinzioni, la conoscenza delle cose divine: tale è la funzione del Brahmano, nata dalla sua propria natura.

43 L'eroismo, il vigore, la fermezza, l'attenzione, la temerità in battaglia, la generosità, la dignità di un capo: ecco quello che conviene naturalmente allo Ksatriya.

44 L'agricoltura, la pastorizia, il commercio, sono la funzione naturale del Visya. Infine, servire gli altri è quello che appartiene ai Sudra.

45 L'uomo soddisfatto della sua funzione, qualunque sia, arriva alla perfezione. Ascolta ancora come un tale uomo può arrivarvi:

46 È onorando con le sue opere colui da cui sono emanati gli esseri e per cui si è sviluppato questo Universo, che l'uomo raggiunge la perfezione.

47 Ha più valore compiere il proprio dovere, anche più basso, che quello di altri, anche se è superiore; perché, facendo l'opera che deriva dalla sua natura, un uomo non commette nessun peccato,

48 Come anche chi non rinuncia a compiere la sua opera naturale, anche quando sembra unita al male; perché tutte le opere sono avvolte dal male, come il fuoco dal fumo.

49 L'uomo il cui spirito si è liberato da ogni legame, che ha vinto se stesso, e ha cacciato i desideri, arriva per questa rinuncia alla perfezione suprema del riposo.

50 Come, arrivato a questo punto, raggiunge Dio stesso, ascoltalo in breve, figlio di Kuntî; perché là è l'ultimo termine della Scienza.

51 La ragione purificata, ferma nel suo cuore, sottomessa, staccata dal frastuono e dalle altre sensazioni, avendo scacciato i desideri e gli odi;

52 Solo in un luogo solitario, vivendo di poco, padrone della sua parola, del suo corpo e del suo pensiero, sempre praticando l'Unione spirituale, attento a evitare le passioni;

53 Esente da egoismo, violenza, orgoglio, collera, privo di corte, che non pensa a se stesso, pacificato: diventa partecipe della natura di Dio.

54 Unito a Dio, l'anima serena, non soffre più, non desidera più. Uguale verso tutti gli esseri, riceve il mio culto supremo.

55 Per questo culto mi conosce tale come sono, nella mia grandezza, nella mia essenza; e, in tal modo conoscendomi, entra in me e non si distingue più.

56 Colui che, senza pausa, compie la sua funzione rivolgendosi a me, attento anche, per la mia grazia, alla dimora eterna e immutabile,

57 Fa dunque in me, col pensiero, la rinuncia di tutte le opere; pratica l'Unione spirituale, e pensa sempre a me.

58 Pensando a me, tu attraverserai per la mia grazia tutti i pericoli; ma se, per orgoglio, tu non mi ascolti, tu morirai.

59 Rapportandoti a te stesso, tu ti dici: « Io non combatterò »; è

una risoluzione vana; la natura ti farà violenza.

60 Legato dalla tua funzione naturale, figlio di Kunti, quello che nel tuo errore tu non desideri fare, lo farai tuo malgrado.

61 Nel cuore di tutti i viventi, Arjuna, risiede un signore che lo fa muovere per magia come per un meccanismo nascosto.

62 Rifugiati in lui con tutta la tua anima, o Bhârata; per la sua grazie, tu raggiungerai la pace suprema, la dimora eterna.

63 Io ti ho esposto la Scienza nei suoi misteri più segreti. Esaminala tutta, e poi agisci secondo la tua volontà.

64 Tuttavia, ascolta ancora le mie ultime parole in cui si riassumono tutti i misteri, perché tu sei il mio beneamato; le mie parole ti saranno utili.

65 Pensa a me; servimi; offrimi il Sacrificio e l'Adorazione; per questi, tu verrai da me; la mia promessa è veridica, e tu mi sei caro.

66 Rinuncia a ogni altro culto: che io sia il tuo unico rifugio; ti libererò di tutti i peccati: non piangere.

67 Non ripetere le mie parole né all'uomo senza continenza, né all'uomo senza religione, né a chi non vuole intendere, né a chi mi rinnega;

68 Ma colui che trasmetterà questo Mistero supremo ai miei servitori, servendomi lui stesso con fervore, verrà verso di me senza alcun dubbio;

69 Perché nessun uomo può far niente che mi sia più gradevole; e nessun altro sulla terra mi sarà più caro di lui.

70 Chi leggerà il santo dialogo che abbiamo avuto, mi offrirà per questo un Sacrificio di Scienza: questo è il mio pensiero.

71 E l'uomo di fede che, senza resistenza, l'avrà soltanto ascoltato, otterrà anch'egli la liberazione e andrà nella dimora dei felici le cui opere sono state pure.

72 Figlio di Prithâ, hai ascoltato le mie parole fissando il tuo pensiero sull'Unità? Il turbamento dell'ignoranza è scomparso per te, principe generoso ? »

Arjuna:

73 « Il turbamento è scomparso. Dio augusto, ho ricevuto per la tua grazia la tradizione santa. Io sono fermo: il dubbio è dissipato; io seguirò la tua parola. »

Sanjaya:

74 « Così, mentre parlavano Vâsudêva e il magnanimo figlio di Prithâ, io ascoltavo la conversazione sublime che faceva drizzare i capelli.

75 Da quando, per la grazia di Vyâsa, ho inteso questo Mistero supremo dell'Unione mistica esposta dal Signore dell'Unione stesso, da Krishna:

76 O mio re, io mi ricordo, io mi ricordo incessantemente questo sublime, questo santo dialogo di Arjuna e del guerriero chiomato, e sono sempre nella gioia, sempre.

77 E quando penso, quando penso ancora a questa forma soprannaturale di Hari, resto stupefatto e la mia gioia non ha più fine.

78 Là ove è il Signore dell'Unione, Krishna, là dove è l'arciere figlio di Prithâ, là
c'è la felicità, la vittoria, la salvezze, là c'è la stabilità: tale è il mio pensiero. »

Che tutti gli esseri siano felici!